9 798869 195371

לוּח שָׁנָה

עַל פִּי הַקַּבָּלָה

פַּרְצוּף הַיָּמִים

וּפַרְצוּף הַזְּמַנִּים

עִם הַגָּהוֹת בִּיאוּרִים וְתַרְשִׁימִים

וְלוּחַ הַשָּׁנָה

לְשָׁנָה זֹאת

ידוע כי אין בר בלי תבן, כך אין ספר בלי טעויות, ועוד יודע אני כי דל ועני אני, **ואין עני אלא בדעה.** לכן מבקש אני בכל לשון של בקשה אם יש לכל אחד שאלות, הערות, הארות, תיקונים, נא לשלוח ל - simchatchaim@yahoo.com והשתדל לענות, ולתקן את הצריך תיקון.

אין לעשות שימוש כל שהוא בחומר שבחלק זה לצורך מסחרי, אלא רק ללמוד וללמד.
להשיג ספר זה או ספרים אחרים לאינפורמציה
simchatchaim@yahoo.com

את לוח השנה תקבלו באימל, כאשר תבקשו אם אתם רוצים

בס"ד

ירפא **ה**מאציל **ו**יושיע **ה**בורא את כל חולי בני ישראל, וישלח להם רפואה שלימה, רפואת הנפש ורפואת הגוף, בכל אבריהם ובכל גידיהם לעבודתו יתברך.

בי"ב במנחם אב תשס"ה, הובהלתי לבית החולים, הרופאים לא נתנו לי סיכוי לחיות יותר מכמה שעות בגלל מספר תסבוכות. עם כל זאת בזכות התפילות של בני ישראל הקדושים, ברחמיו הרבים, ריחם עלי הקדוש ברוך הוא, ונשארתי בחיים.

עם כל זאת, הובחנה אצלי מחלה קשה בכליות, ונאמר לי שהצטרך למכונת דיאליזה. בשבילי זה היה שוק!!! אף פעם לא הייתי אצל רופא, או בבית חולים. כך בעל כרחי התחברתי למכונת דיאליזה, ומכונה זאת הייתה קשורה בי כלכב במשך שמונים חודשים בדיוק, כמניין יסוד, במשך 10-12 שעות ביום.

בשבת פרשת ויחי יעקב י"ב טבת תשע"ב, בזכות בני ישראל, שכולם אהובים כולם ברורים כולם גיבורים כולם קדושים... וכולם פותחים את פיהם באהבה שלוש פעמים ביום, ואומרים - ברוך אתה... רופא חולי עמו ישראל, וכללותם כל האברכים, תלמידי הישיבות, רבנים וחכמים, חסידים, מקובלים עם תינוקות של בית רבן, זקנים עם נערים, בחורים וגם בתולות, בארץ הקודש ובעולם.

ומצד שני בנות ישראל היקרות מפז, שהתפללו וקבלו עליהם כל מיני קבלות, מהפרשת חלה עד צניעות וכיסוי הראש, עם הרבנים, המנהלים, המורים, המורות והתלמידות של בית יעקב דטורונטו שכל יום התפללו, וכללו בתפילתם שבקעה את כל הרקיעים אותי, ונושעתי אני הקטן. הושתלה בי כליה. והתנתקתי ממכונת הדיאליזה.

אמר המלך דוד - לולי תורתך שעשעי אז אבדתי בעניי. מה שנתן לי חיות היא התורה הקדושה, בשעות הרבות שהייתי מחובר למכונת הדיאליזה (כ 12 שעות ביום), ערכתי סדרתי, וכתבתי, פצחתי את ראשי התיבות וניקדתי [חלק מהספרים] במחשב את קונטרסים שלמדתי במשך שנים. וקונטרסים אלו הפכו לחיבורים, ואחרי התלבטויות ובקשות מבני גילי, החלטתי בעזרתו יתברך להדפיס קונטרסים אלו.

בברכה והצלחה בלימוד התורה הקדושה.
ובעיקר בפנימיות התורה, ותורת האר"י הח"י והרש"ש
ורפואה שלימה לכל חולי ישראל.

היב"ש

תוכן הספר

בגלל שאין אפשרות להדפיס את לוח השנה הקבלי, גם בגלל המחיר הגבוה, וגודל שונה מספר זה, את לוח השנה נשלח לכם את הלוח השנה הזאת.

הקדמה

בגמרא[1] מבואר כי האדם נידון בכל יום ויום, בכל שעה ושעה, ובכל רגע ורגע בחיים. ועוד[2] בגמרא מבואר כי כל שעה מתחלקת ל 53,848 חלקים, וכל אחד מחלקים אלו נקרא רגע.

כתב הרי"ח הטוב בספרו הטהור בן איש חי, בהקדמה לפרשת תרומה שנה ראשונה – ולכן[3] כתב רבינו הרש"ש ז"ל בנהר[4] שלום, שצריך

---

[1] **גמרא ראש השנה דט"ז ע"א** - רבי יהודה אומר הכל נידונין בראש השנה, **וגזר דין שלהם נחתם כל אחד ואחד בזמנו**. בפסח על התבואה, בעצרת על פירות האילן, בחג נידונין על המים. ואדם נידון בראש השנה, וגזר דין שלו נחתם ביום הכפורים, רבי יוסי אומר **אדם נידון בכל יום** שנאמר - **ותפקדנו לבקרים**. רבי נתן אומר **אדם נידון בכל שעה** שנאמר - **לרגעים תבחננו**.

[2] **גמרא עבודה זרה ד"י ע"א** – רב פפא רמי - א"ל זועם בכל יום, וכתיב - לפני זעמו מי יעמוד, לא קשיא, כאן ביחיד, כאן בצבור. תנו רבנן א"ל זועם בכל יום, וכמה זעמו, רגע, וכמה רגע אחת, מחמש ריבוא ושלשת אלפים ושמונה מאות וארבעים ושמנה בשעה, זו היא רגע, ואין כל ברייה יכולה לכוין אותה רגע, חוץ מבלעם הרשע, דכתיב ביה - ויודע דעת עליון.

[3] **בן איש חי, שנה ראשונה, הקדמה לפרשת תרומה** – והנה נודע כי אנשי כנסת הגדולה בתחילה תקנו שתים עשרה ברכות אמצעיות, אשר בין כולם הם שמונה עשרה, אך בזמן רבן גמליאל תקנו ברכה על עקירת המלשינים, בשביל תיקון ספירת הכתר, ונעשו בין הכל תשע עשרה ברכות, ונמצא בכל שלש תפלות שבכ"ד שעות יש צ"ה ברכות, עם שתי חזרות של שחרית ומנחה, כמנין המים, ובזה פרשתי בסיעתא דשמיא - שלח לחמך על פני המים כי ברוב הימים תמצאנו, דשפע פרנסה טובה לתחתונים ימשך על ידי התפילות, וגם בירור ניצוצי קדושה שהוא מזון העליונים, גם כן יהיה על ידי התפילות. אך יהיה דבר יום ביומו לצורך הפרצוף וספירה שהוא כנגד אותו היום, וכמו שכתב רבינו האר"י ז"ל, **ולכן כתב רבינו הרש"ש ז"ל** בנהר שלום המתפלל צריך לידע באיזה פרצוף היא אותה השנה, ובאיזו ספירה הוא אותו החודש, ובאיזו ספירה מספירות אותה הספירה הוא אותו שבוע, ובאיזו ספירה משבעה קצוות דאותו שבוא הוא אותו היום, כדי לברר ולהעלות הברורים המתייחסים לכל יום ויום כראוי וכנכון וכו', עיין שם. ולזה אמר שלח לחמך, הוא מזון שלך על פני המים, הם שלש תפילות שיש בהם ברכות כמנין **המים**, כי ברוב הימים תמצאנו, כלומר דבר יום ביומו דאם עבר יומו בטל קרבנו.

[4] **נהר שלום דכ"ד ע"א** - ואלו הזו"ן הכוללים דכל הכ"ד שעות הם זו"ן דפרטות דספירה אחת, **הוא פרצוף אחד, דמלך אחד משבעה מלכי זו"ן הכוללים דכל שבוע, אשר תיקונם הוא בהמשך שבוע אחד, מלך אחד ליום**, וביום שבת הוא

המתפלל לידע באיזה פרצוף היא אותה השנה, ובאיזו ספירה הוא אותו החודש, ובאיזו ספירה מספירות אותה הספירה הוא אותו שבוע, ובאיזו ספירה משש קצוות דאותו שבוע הוא אותו היום, כדי לברר ולהעלות הברורים המתייחסים לכל יום ויום כראוי וכנכון וכו'.....

____

זווגם, (**וסדר תיקונם וזכותם ועלייתם הוא משבוע לשבוע, עד א"ס ב"ה**, ספר כתב יד). ואלו הזו"ן הכוללים דכל שבוע, הם מלבד הזו"ן הפרטים דאבא, או דאימא, או דז"א, או דנוקבא דז"א (הכוללים) דכל חדש, **אשר תיקונם הוא בהמשך ארבעה שבועות דכל חדש**, ואלו הזו"ן (דכל חדש הם זו"ן דפרטות דספירה אחת **מו"ק דזו"ן דכללות דששה חדשי הקיץ או החורף**, כי בהמשך ששה חדשי החורף נתקני' ו"ק דז"א, והם מ"ה דמ"ה עם מ"ה דב"ן. ובששה חדשי הקיץ נתקנים ו"ק דנוקבא, והם ב"ן דמ"ה עם ב"ן דב"ן. כל קצה בחדש אחד, חסד בתשרי, גבורה בחשון, כו'. כל חדש כלול מארבעה שבועות, שבהם נתקנים ארבעה אותיות הוי"ה דכללות העשר ספירות דכל קצה, שהם או"א וזו"ן דאותו הקצה. **וכל שבוע כלול משבעה ימים, לתקן השבעה מלכים דכל אחד מארבעה פרצופים הנזכרים לעיל דכל קצה**. ספר כתב יד). ובכללות קיץ וחורף נתקנים הזו"ן דכללות השנה, אשר כל עצמם הם זו"ן דפרטות דספירה אחת, **שהוא פרצוף אחד דמלך אחד משבעה מלכי זו"ן הכוללים דכל שמיטה, שתיקונם הוא בהמשך השבע שנים דכל שמיטה**, וכל עצמם הם זו"ן דפרטות דספירה אחת, שהוא פרצוף אחד, דמלך אחד משבעה מלכי זו"ן הכוללים דכל יובל, **אשר תיקונם הוא בהמשך שבעה שמטות**. וכל אלו סדר תיקון הבירורים שלהם והמשכת המוחין להם וכל פרטי תיקונם, הוא על דרך הנזכר לעיל בזו"ן דכללות דכל הכ"ד שעות, וד"ל. (ואלו תיקונם וזיכוכם ועלייתם הוא מיום ליום לשבוע, ומשבוע לשבוע לחדש, ומחדש לחדש לשנה, ומשנה לשנה לשמטה, ומשמטה לשמטה ליובל, ומיובל ליובל עד א"ס. והוא על דרך מה שמבואר אצלנו בביאור ענין חיצוניות ופנימיות לעיל דף ל"ה ע"א וב'). ובעז"ה יתבאר כל ענין במקומו באורך ובפרטות בס"ד. (כי עדיין לא נתבאר בכאן מהקדמה זו כל הצורך, ובפרט ענין בירור ותיקון ששת ימי בראשית, איה מקומם, כי לא שוו בשיעוריהם לימי חודשי השנה, ולא לשמיטים, ולא ליובלות. ובעז"ה בהקדמה יתבאר הענין הזה באר היטב בס"ד, ספר כתב יד). **וצריך לידע חשבון השנים לפי סדר חשבון הספירות דפרצופי ו"ק דזו"ן** הנפרטים לשיתא אלפי שני דהוי עלמא, כדי לידע באיזה פרצוף היא אותה השנה, ובאיזו ספירה הוא אותו החדש, ובאיזו ספירה מחבת"ם דאותה הספירה הוא אותו שבוע, ובאיזה ספירה מו"ק דאותו שבוע הוא אותו היום. **כדי לידע לברר ולהעלות הבירורים המתייחסים לכל יום ויום כראוי וכנכון**. וכדי לידע לכוין בברכת המפיל והמעביר וכל התפלות דאותו יום, שהם במוחין דפרצוף דיום שעבר ולא דאותו יום, שהוא עומד בו כנזכר לעיל.

וְרַבִּי[5] נחמן מברסלב מבאר – גם דבר אז מענין שתים עשרה שעות היום ושתים עשרה שעות הלילה, שיש בהם שנים עשר צרופי הוי"ה, בכל שעה יש צרוף אחר, וכל שעה נחלקת לתתר"ף חלקים, וכל חלק וחלק מתתר"ף חלקים יש בו גם כן צרוף השם, וכל זה הוא בחינת רוח החיים שבהדפק

סוד הזמן ותיקונו

פִּתְגָם עתיק אומר – בני אדם מאבדים את בריאותם כדי לצבור כסף, ואז מאבדים את כספם כדי להציל את בריאותם. וכל זה בשל המחשבות על העתיד, הם שוכחים את ההווה, וכך הם לא חיים בהווה, וגם אין להם עתיד. וכאשר הם חיים, הם חושבים שלעולם הם לא ימותו, וכאשר הם מתים כאילו מעולם הם לא חיו, ובכלל אם אנחנו עומדים למות, אז למה לחיות.

שְׁאֵלָה זאת שאל רבי אלעזר את רבי שמעון בר יוחאי. ואמר רשב"י לרבי אלעזר, את השאלה הזאת שאלו כמה פעמים רבנים וצדיקים, והתשובה לזה היא כי רצה הקדוש ברוך הוא שנשמות ישראל ירדו לעולם כדי להשיג את גדולתו, ואחר כך הוא לוקח אותם מהעולם.

אם כן למה ירדו לחיות זמן קצר, הרי בזמן זה לא יוכלו להשיג את גדולתו, כי לגדולתו אין חקר, והיה לבני האדם להאריך שנים רבות כדי להשיג ולו מעט מגדולתן יתברך.

כָּאן גילה לנו רבי שמעון את סוד הזמן ותיקונו, כלומר לכל נשמה הוקצב זמן כדי להשיג את המאציל העליון, בזמן זה הנברא צריך לתקן כל רגע ורגע מחייו את חלקי נשמתו, שנקראים ניצוצי קדושה ששייכים לו, על ידי אכילה, שתייה, שינה, עבודה, תפילה, מצוות ותלמוד תורה, בסוד[6] בכל דרכך דעהו, וכן[7] כתב הרמב"ם – נמצא המהלך בדרך זו כל

---

[5] ליקוטי מהור"ן קמא ח' ו'

[6] **משלי ג' ו'** – בכל דרכיך דעהו והוא יישר ארחתיך.

[7] **הרמב"ם, ספר המדע, הלכות דעות פ"ג הלכה ג'** – המנהיג עצמו על פי הרפואה, אם שם על לבו שיהיה כל גופו ואבריו שלמים בלבד, ושיהיו לו בנים עושין מלאכתו ועמלין לצורכו, אין זו דרך טובה. אלא ישים על לבו שיהא גופו שלם וחזק, כדי שתהיה נפשו ישרה לדעת את הוי"ה, שאי אפשר שיבין וישתכל בחכמות והוא רעב וחולה, או אחד מאיבריו כואב, וישים על לבו שיהיה לו בן אולי

ימיו עובד את הוי"ה תמיד אפילו בשעה שנושא ונותן, ואפילו בשעה..... וכל מעשיך יהיו לשם שמים.

תתר"פ חלקי שעה

אמרו[8] חז"ל בפרקי אבות, אין אדם שאין לא שעה.

השעה היהודית (שעה זמנית) מתחלקת לתתר"פ חלקים, (1080 חלקים) זה הוא מספר מיוחד שהוא בערך מספר הנשימות שאדם ממוצע נושם בשעה, וכל חלק נקרא רגע, תתר"פ חלקים עולים בגימטריא תפארת, שהוא סוד האדם, סוד שם מ"ה **יו"ד ה"א וא"ו ה"א**, המילוי עצמו הוא ודאאו"א שהוא י"ט עם שם הוי"ה שהוא כ"ו ביחד גימטריא אדם. וגם[9] מילוי השם אדם וחוה הוא תתר"פ.

לכל דבר קצב הקדוש ברוך הוא זמן, אפילו לעולם שלנו שאנו מכירים יש זמן וקצבה, זמן זה הוא שש אלף שנה, בזמן זה העולם צריך להסיג את ייעודו באופן כללי, וכל אחד מאתנו באופן פרטי כדי לעבור לשלב הבא של הבריאה.

כל[10] רגע ורגע בששת אלפי חיי העולם הוא אור פרטי אשר יוצא מהכח אל הפועל, גם באופן כללי לכל העולם, וגם באופן פרטי לכל אחד ואחד

יהיה חכם וגדול בישראל. נמצא המהלך בדרך זו כל ימיו עובד את הוי"ה תמיד אפילו בשעה שנושא ונותן, ואפילו בשעה שבועל, מפני שמחשבתו בכל כדי שימצא צרכיו עד שיהיה גופו שלם לעבוד את הוי"ה. ואפילו בשעה שהוא ישן, אם ישן לדעת כדי שתנוח דעתו עליו, וינוח גופו כדי שלא יחלה, ולא יוכל לעבוד את הוי"ה והוא חולה, נמצאת שינה שלו עבודה למקום ברוך הוא. ועל ענין זה צוו חכמים ואמרו - **וכל מעשיך יהיו לשם שמים**, והוא שאמר שלמה בחכמתו - בכל דרכיך דעהו והוא יישר אורחותיך.
[8] פרקי אבות ד ג
[9] **ספר הלקוטים לאר"י זלה"ה ד"ד ע"א** – וייצר הוי"ה אלהי"ם את האדם וכו', ויהי האדם לנפש חיים. דע כי שמות אד"ם וחו"ה במלואם, כזה - אל"ף דל"ת מ"ם, חי"ת וי"ו ה"י, בגימטריא תפארת, או תתר"פ.
[10] **ע"ח ש"ג פ"ג מ"ב דט"ז ע"ד** – אמנם דע כי כל בחינת חמשה פרצופים שבכל עולם ועולם הנזכרים לעיל, הנה כל אחד כלול מרמ"ח אברים ושס"ה גידין. **וצריך המעיין לחקור** על ניתוח אברים שבכל פרצוף ופרצוף, איך יפגשו אבר פרצוף זה באבר פרצוף המלבשת אותו, כי אין עומדים כל הפרצופים בשוה ובקומה אחת. נמצא כי ראש המלכות דעשיה נפגשה בתחתית העקב דא"ק, וכן על דרך זה

מנשמות בני ישראל. אור זה הוא צירופי שמות הוי"ה, וצירופי אורות של ספירות ופרצופים לכל רגע, שעה, יום, שבוע, חודש, שנה, עשר שנים, מאה שנים, אלף שנה עד שש אלף שנה.

מבואר[11] בספר עץ חיים – עוד צריך להבחין פרטי פרטים, אם מדבר בעשר ספירות דעגולים, או בעשר ספירות דיושר, ואם במקיף ואם באור פנימי. ואם בעצמות או בכלים, וגדולה מכולם צריך להבחין כי אופני העשר ספירות ומצבן ומעמדן חסרונם ומילואם עצמו מספר:

אם בעת שנאצלו.

אם בעת קיטרוג הלבנה.

אם בעת בריאת אדם הראשון.

ואם בעת שחטא שנשתנו כל העולמות.

אם בדור המדבר.

אם בבית ראשון ואם בעת חורבנו.

ואם בבית שני ואם בעת חורבנו.

גדולה מכולם אם בחול אם בשבת או ביום טוב.

אם ביום ואם בלילה.

ולא עוד אלא שבכל שעה ושעה משתנים העולמות ואין שעה זו דומה לשעה זו, ומי שמסתכל בעניין הילוך המזלות וכוכבים ושינוי מצבן ומעמדן, ואיך ברגע אחד הם באופן אחר, והנולד בו יקרה לו מאורעות שונות, מהנולד ברגע שקדם לזה. ומזה יסתכל ויבין בעולמות העליונים שאין להם קץ ומספר. ואם תפקח עיני שכלך תדע ותשכיל זו ממוצא דבר, כי אין שכל בלב אדם לעמוד על כל פרטים, ועל זה אמר דוד המלך עליו השלום – גל[12] עיני ואביטה נפלאות מתורתיך.

בכל שאר הבחינות, לא יכילם העין, כי אם נגולו כספר השמים, וכפי דבוק זה האבר שבזה הפרצוף, באבר הפרצוף שכנגדו, לפעמים יפגשו עין בחוטם, ואזן בעקב, וכיוצא בזה לאין קץ. וזהו ענין חכמת הצירוף כ"ב אותיות א"ב, אל"ף עם כולם, וכולם עם אל"ף, וכיוצא בשאר האותיות, **והם הם גורמים השינוי, שאין לך יום שדומה לחבירו, ואין צדיק דומה לחבירו, ואין בריה דומה לחבירתה**, וכל הנבראים כולם לצורך גבוה, כי אין יניקת כולם שוה, **אף לא תיקון כולם שוה**, ותתקן החלבנה בקטורת, מה שלא תתקן הלבונה, לכן היה צריך באלו העולמות טוב ורע ובינוני, ובכל אחד מינים לאין קץ.

[11] ע"ח ש"א ענף ה' מ"ב דט"ו ע"א.

[12] תהלים קיט יח.

כאשר אדם מכיר ולומד את המערכת של לוח השנה הקבלי, שנקרא פרצוף הימים ופרצוף הזמנים, הוא יכול לכוון בו בכל עת, כדי לקבל שפע אלה"י יותר גדול ויותר מובחר, מהאדם שלא מכוון.

<u>פרצוף הימים</u>

חלוקת השעות בכל יום, שבוע, חודש, שנה, עד שש אלף שנה

יש 1080 רגעים בשעה זמנית, שהם צירופי שמות הוי"ה המשתנים בכל רגע ורגע.

יש 24 שעות ביום, כאשר 12 שעות ביום, ו-12 שעות בלילה, כאשר לכל שעה ושעה יש את צרוף ההוי"ה שלה.

השבוע מתחלק לשבעה ימים, כאשר כל יום הוא ספירה אחת מחג"ת נהי"מ.

החודש מתחלק לארבע פרצופים, אבא, אימא, ז"א, ונוקבא, כאשר כל פרצוף הוא שבוע (ראש חודש הוא פרצוף בפני עצמו, והוא פרצוף א"א).

השנה מתחלקת ל-12 חודשים, ולכל חודש יש צרוף אחד מצירופי שם הוי"ה.

כל שנה היא מתוך מחזור של עשר שנים, והם מתחלקים לעשר ספירות.

כל עשר שנים, שהם עשר ספירות, הם במחזור של מאה שנה, שהם מתחלקים לעשר ספירות.

כל מאה שנה מתוך מחזור של אלף שנה, מתחלקים לעשר ספירות.

וכל אלף שנה הם ספירה אחת דו"ק – לחג"ת נה"י, מתוך המחזור של שש אלף שנה, שהוא זמן העולם הזה.

וכן הוא בפרצוף הזמנים, מיום ליום לשבוע, ומשבוע לשבוע לחודש, וחודש לחודש לשנה, משנה לשנה לשמיטה, ומשמיטה לשמיטה ליובל, ומיובל ליובל לשש אלף שנה, שהם 120 יובלות [הלכה למעשה הוא לא כך, כמו שיתבאר לקמן].

יוצא שבכל זמן נתון בחיי האדם, הוא יכול לכוון אל האור הפרטי שבאותו זמן, כדי להסיג את השפע בצורה גדולה ביותר באיכות ובכמות, ולהסיג את המקסימום ברוחניות וגשמיות.

נביא דוגמה ליום שני כ"ג כסלו תשע"ח בשעת נץ החמה

בספר הקדוש אור הלבנה לרבינו יעקב קצין דף צ', הובא סדר תיקון הבירורים לפי הנהר שלום בסיכום וסידור נפלא, ונביא את תמצית דברי קודשו. **הנה ניקח לדוגמה** למשל את יום שני, כ"ג כסלו, בשנה זאת שנת תשע"ח, בשעת נץ החמה, ונבאר איך הוא סדר הבירורים הנתקן באותו היום.

שיתא אלפי שנין

ו' אלפים שנים – הנה בעולם ישנם שיתא אלפי שנין, שהם כנגד חג"ת נה"י, ה' אלפים שנה כבר עברו מבריאת העולם, ועתה אנו באלף השישי, נמצא שבאלף הזה אנו מתקנים את ספירת **היסוד**.

יסוד	הוד	נצח	תפארת	גבורה	חסד

סדר מאות שנים

ת"ש הנה עברו מאלף השישי כבר שבע מאות שנה, ואנו מונים בסדר מאות השנים עשר ספירות, ואם כן עד עתה עברו כבר ת"ש שנה ונכנסנו למאה השמינית, על כן אנו מתקנים בסדר מאות השנים את ספירת **ההוד** שהיא הספירה השמינית מהחכמה.

מלכות	יסוד	הוד	נצח	תפארת	גבורה	חסד	דעת	בינה	חכמה

סדר עשרות שנים

כאשר אנו מחשבים את סדר עשרות השנים גם לפי עשר ספירות, ואם כן משנת תש"א ועד תש"י תיקנו את ספירת החכמה, תשי"א עד תש"כ תיקנו את ספירת בינה, וכן הלאה בשאר סדר עשרות השנים.

ואם כן יצא שמשנת תשע"א ועד תש"פ נתקן את ספירת **הוד**.

חכמה	בינה	דעת	חסד	גבורה	תפארת	נצח	**הוד**	יסוד	מלכות

סדר שנים

כאשר אנו מחשבים את סדר השנים בכל עשר שנים, העשר שנים שמשנת תשע"א ועד תש"פ נפרטים גם הם לספירות, ויוצא שבשנת תשע"ח, אנו מתקנים את ספירת **ההוד**.

חכמה	בינה	דעת	חסד	גבורה	תפארת	נצח	**הוד**	יסוד	מלכות

לסכום עד כאן, יוצא שעד עתה שבשנת ה' אלפים תשע"ח אנו מתקנים את בירורי הוד דהוד דהוד דיסוד.

נמשיך הלאה לבאר בס"ד את סדר החודשים והימים. במשך שנה אחת יש י"ב חודשים, ששה חודשי החורף, וששה חודשי הקיץ.

ששה חודשי החורף שהם בבחינת הזכר, הנקרא ז"א, והוא מ"ה דמ"ה שמתקן את מ"ה דב"ן.

חודשי החורף – ז"א
מ"ה דמ"ה שמתקן את ב"ן דמ"ה

תשרי	חשון	כסלו	טבת	שבט	אדר
חסד	גבורה	תפארת	נצח	הוד	יסוד

ששה חודשי הקיץ שהם בבחינת נקבה, הנקרא הנוקבא, והוא ב"ן דמ"ה שמתקן את הב"ן דב"ן.

חודשי החורף – נוקבא
בן דמ"ה שמתקן את בן דב"ן

ניסן	אייר	סיון	תמוז	אב	אלול
חסד	גבורה	תפארת	נצח	הוד	יסוד

ואם כן יוצא שבחודש כסלו שהוא החודש השלישי מחודשי החורף אנו מתקנים את ספירת תפארת דז"א – דמ"ה דמ"ה ומ"ה דב"ן.

סדר חודשים

בן דמ"ה ובן דב"ן		מ"ה דמ"ה ומ"ה דב"ן	
נוקבא – נקבה		**ז"א – זכר**	
ניסן	חסד	תשרי	חסד
אייר	גבורה	חשון	גבורה
סיון	תפארת	כסלו	תפארת
תמוז	נצח	טבת	נצח
אב	הוד	שבט	הוד
אלול	יסוד	אדר	יסוד

לסכום עד כאן, יוצא שעד עתה שבשנת ה' אלפים תשע"ח חודש כסלו אנו מתקנים את בירורי – תפארת דז"א דמ"ה דמ"ה ומ"ה דב"ן דהוד דהוד ההוד דיסוד.

בכל חודש יש ראש חודש וארבעה שבועות, והם כנגד פרצופי א"א, אבא, אימא, ז"א, נוקבא. והם א"א או"א וזו"ן דכללות החודש, והנה יום א' לחודש או ל' לחודש הוא ראש חודש, מתקנים את פרצוף א"א, או הכתר דאותו חודש. בשבוע הראשון מיום ב' עד יום ח' נתקן פרצוף

אבא, או חכמה דאותו חודש, ובשבוע השני מיום ט' עד יום ט"ו נתקן פרצוף אימא, או בינה דאותו חודש, ובשבוע השלישי מיום ט"ז עד יום כ"ב נתקן פרצוף ז"א, חג"ת נה"י דאותו החודש. ובשבוע רביעי מיום כ"ג עד יום כ"ט נתקן פרצוף נוקבא, מלכות דאותו חודש.

פרצוף	ימי החודש						
א"א	א						
אבא	ב	ג	ד	ה	ו	ז	ח
אימא	ט	י	יא	יב	יג	יד	טו
ז"א	טז	יז	יח	יט	כ	כא	כב
נוקבא	כג	כד	כה	כו	כז	כח	כט

והנה סדר תיקון השבועות של החודש מתחיל לפי תחילת החודש, והיינו אם ראש חודש כסלו דשנה זאת היה ביום ראשון, אזי מיום שלאחריו שהוא יום שני מתחיל השבוע דפרצוף אבא ר"ל מיום ב' עד ח' לחודש, ומסתיים ביום ראשון שלאחריו. ומיום שני שלאחריו מתחיל השבוע דפרצוף אימא, במשך שבוע מיום ט' עד ט"ו לחודש. וביום שני שלאחריו מתחיל פרצוף ז"א במשך שבוע מיום ט"ז עד יום כ"ב לחודש. וביום שני שאחריו מתחיל פרצוף נוקבא מיום כ"ג עד כ"ט לחודש. ואם כן יוצא שביום כ"ג בכסלו אנו אוחזים בשבוע הרביעי של החודש, אזי אנו מתקנים את פרצוף הנוקבא.

לסכום עד כאן, יוצא שעד עתה שבשנת ה' אלפים תשע"ח חודש כסלו בשבוע הרביעי אנו מתקנים את בירורי — נוקבא דתפארת דז"א דמ"ה דמ"ה ומ"ה דב"ן דהוד דהוד דהוד דיסוד.

סדר הימים

במשך ימי השבוע יש שבעה ימים, שהם כנגד חג"ת נהי"ם על דרך

זה, יום ראשון חסד, יום שני גבורה, יום שלישי תפארת, יום רביעי נצח, יום חמישי הוד, יום שישי יסוד, יום שבת מלכות. ובהם נתקינם שבעה מלכים דמיתו, מלך אחד בכל יום הכולל את כולם.

יום	ראשון	שני	שלישי	רביעי	חמישי	ששי	שבת
ספירות	חסד	גבורה	תפארת	נצח	הוד	יסוד	מלכות
ז"מ	בלע	יובב	חושם	בדד	שמלה	שאול	בן חנן

לסכום עד כאן, יוצא שעד עתה שבשנת ה' אלפים תשע"ח חודש כסלו בשבוע הרביעי ביום שני אנו מתקנים את בירורי – גבורה דנוקבא דתפארת דז"א דמ"ה דמ"ה ומ"ה דב"ן דהוד דהוד דהוד דיסוד.

סדר השעות

גם היום של 24 שעות מתחלק ליום ולילה, כאשר 12 שעות היום נקראים באופן כללי שם מ"ה, ו-12 שעות הלילה נקראים באופן כללי שם ב"ן.

גם שעות היום מתחלקות בסדר זה: כאשר מנץ החמה עד חצות היום הם נקראים בחינת מ"ה דמ"ה. ומחצות היום עד השקיעת החמה הם נקראים ב"ן דמ"ה.

יום – בבחינת מ"ה

מנץ החמה עד חצות היום	מחצות היום עד השקיעה
מ"ה דמ"ה	מ"ה דב"ן

וכן שעות הלילה מתחלקות בסדר זה: כאשר מהשקיעה עד חצות הלילה הם נקראים בחינת ב"ן דב"ן, ומחתות הלילה עד נץ החמה הם נקראים בחינת מ"ה דב"ן.

לילה – בזוינת ב"ן

מהשקיעה עד חצות הלילה עד נץ החמה	בחצות הלילה	חצות הלילה
ב"ן דמ"ה	ב"ן דב"ן	

וכן בחינת היום המתחלקת לשתי בחינות, של מ"ה דמ"ה וב"ן דמ"ה, בעצם מתחלקת לארבעה חלקים, כל חלק לשלוש שעות, שהם מ"ה דמ"ה דמ"ה, ב"ן דמ"ה דמ"ה. ומ"ה דב"ן דמ"ה, וב"ן דב"ן דמ"ה.

דוגמה פשוטה, אם הנץ הוא בשעה 6:00 בבוקר, וחצות היום הוא בשעה 12:00 בצהרים, והשקיעה היא בשעה 6:00 בערב. השעון יראה כך לשעות היום:

וכן בחינת הלילה המתחלקת לשתי בחינות, של ב"ן דב"ן ומ"ה דב"ן, בעצם מתחלקת לארבעה חלקים, כל חלק לשלוש שעות, ב"ן דב"ן דב"ן, מ"ה דב"ן דב"ן, ב"ן דמ"ה דב"ן, ומ"ה דמ"ה דב"ן.

דוגמה פשוטה, אם השקיעה היא בשעה 6:00 בערב, וחצות הלילה הוא בשעה 12:00 בלילה, והנץ הוא בשעה 6:00 בבוקר. השעון יראה כך לשעות הלילה:

סדר השעות עם צירופי הוי"ה

גם כל יום מתחלק ל – 24 שעות שהם סוד 24 ספירות, ו – 12 צירופי שמות הוי"ה ביום, ו – 12 צירופי שמות הוי"ה בלילה, וכל שש שעות מארבעה חלקי היום והלילה מתחלקים כל חלק לשש ספירות חג"ת נה"י.

מהנץ עד חצות היום		מחצות עד השקיעה		מהשקיעה עד חצות		מחצות עד הבוקר	
שעה א	חסד	שעה ז	חסד	שעה א	חסד	שעה ז	חסד
שעה ב	גבורה	שעה ח	גבורה	שעה ב	גבורה	שעה ח	גבורה
שעה ג	תפארת	שעה ט	תפארת	שעה ג	תפארת	שעה ט	תפארת
שעה ד	נצח	שעה י	נצח	שעה ד	נצח	שעה י	נצח
שעה ה	הוד	שעה יא	הוד	שעה ה	הוד	שעה יא	הוד
שעה ו	יסוד	שעה יב	יסוד	שעה ו	יסוד	שעה יב	יסוד

לכל שעה משעות היום יש צירוף שם הוי"ה פרטי, ולכל צירוף יש פעולות ידועות למשכילים.

וכך היא החלוקה האמיתית עם צירופי שמות הוי"ה:

זריחה עד חצות היום			מחצות היום עד השקיעה		
שעה א'	חסד	יהו"ה	שעה ז'	חסד	והי"ה
שעה ב'	גבורה	יהה"ו	שעה ח'	גבורה	והה"י
שעה ג'	תפארת	יוה"ה	שעה ט'	תפארת	ויה"ה
שעה ד'	נצח	ההי"ו	שעה י'	נצח	הוי"ה
שעה ה'	הוד	ההו"י	שעה י"א	הוד	היה"ו
שעה ו'	יסוד	היו"ה	שעה י"ב	יסוד	הוה"י

מ"ה דמ"ה   מ"ה דב"ן

מהשקיעה עד חצות הלילה			חצות הלילה עד הזריחה		
שעה א'	חסד	והי"ה	שעה ז'	חסד	ההי"ו
שעה ב'	גבורה	והה"י	שעה ח'	גבורה	ההו"י
שעה ג'	תפארת	ויה"ה	שעה ט'	תפארת	היו"ה
שעה ד'	נצח	והי"ה	שעה י'	נצח	יהו"ה
שעה ה'	הוד	והה"י	שעה י"א	הוד	יהה"ו
שעה ו'	יסוד	ויה"ה	שעה י"ב	יסוד	יוה"ה

בן דב"ן   ב"ן דמ"ה

לסכום עד כאן, יוצא שעד עתה שבשנת ה' אלפים תשע"ח חודש כסלו בשבוע הרביעי ביום הרביעי ביום שני בנץ החמה אנו מתקנים את בירורי – חסד [יהו"ה] דמ"ה דמ"ה דגבורה דנוקבא דתפארת דז"א דמ"ה ומ"ה דב"ן דהוד דהוד דהוד דיסוד.

עוד[1] צריך לדעת כי יש שלוש כלים לכל בחינה, פנימי, אמצעי וחיצון,

---

[1] ע"ח ח"ב שכ"ו פ"ב מ"ב דט"ו ע"ב - עוד יש בחינה שנייה, והם נקרא פנימיות הכלים, וגם הם נחלקים לשלש בחינות, והם פנימי, אמצעי, וחיצון.

כלי	תפילה
כלי פְּנִימִי	שֲׁחֲרִית
כלי אמצעי	מִנְחָה
כלי חִיצוֹן	עַרְבִית

תפילת שחרית היא כנגד בירורי כלי פנימי דאותו יום. בתפילת מנחה הם כנגד בירורי כלי אמצעי דאותו יום. ובתפילת ערבית כנגד בירורי כלי כלי דאותו יום. ובחינות אלו מבוארים באורך וברוחב בכל כתבי רבינו האר"י זלה"ה ומרן הרש"ש, ובפרט בסידור הטהור שלו, וכאן לא המקום לבארם.

לסכום עד כאן, יוצא שעד עתה שבשנת ה' אלפים תשע"ח חודש כסלו בשבוע הרביעי ביום שני בנץ החמה אנו מתקנים את בירורי – חסד [יהו"ה] דמ"ה דמ"ה דמ"ה **דכלי פנימי** דגבורה דנוקבא דתפארת דז"א דמ"ה דמ"ה ומ"ה דב"ן דהוד דהוד דהוד דהוד דיסוד.

פרצוף הזמנים

נתבאר בפרצוף הימים כי החודש מתחלק לארבעה שבועות, וראש חודש. כאשר ראש חודש הוא בחינת פרצוף א"א, השבוע הראשון פרצוף אבא, השני פרצוף אימא, השלישי פרצוף ז"א, והרביעי הוא בחינת פרצוף הנוקבא.

בפרצוף הזמנים מערכת התחלקות היא כמעט דומה למערכת פרצוף הימים רק מיום ליום לשבוע, ומשבוע לחודש, מחודש לשנה, משנה לשמיטה, משמיטה ליובל, ומיובל לשית אלפי שנים.

גם חילוק השבועות היא שונה מפרצוף הימים, כאשר כל חודש שינוי הפרצופים הפרטים משתנה לפי שינוי צירופי הוי"ה דאותו חודש. כאשר אותיות הוי"ה.

וכתב[1] הרב ז"ל – עוד צריך שנקדים לך הקדמה אחת, והוא כי כל העשר ספירות הכוללות כל עולם ועולם, הנה בכללות יחד כולם כאחד, בחינת הוי"ה אחת בכל מקום, שהוא בין בכללות בין בפרטות כנ"ל. יוצא מכל אות ואות מהם הוי"ה אחת, והנה קוצו של יו"ד, שבאות הוי"ה הוא ספירת כתר. ויו"ד עצמה הוא בחינת חכמה. וה' ראשונה בינה. והו' הוא התפארת, כולל שש ספירן, אשר כללותם נקרא בשם ז"א. כמו שנבאר במקומו בע"ה. והה' אחרונה מלכות, הנקרא אצלינו נוקבא דז"א. וכל זה הוא בדרך הוי"ה הכוללת החמישה פרצופים יחד כנ"ל. וכן אם נחלק העשר ספירות בכל פרצוף ופרצוף, תהיה גם הוי"ה שבפרצוף ההוא בפרטות על דרך הכללות כי קוצו של יו"ד, הוא הכתר, שהוא גלגלתא שבפרצוף ההוא. וי' חכמה. וה' בינה. שבפרצוף והם שני מוחין ימין ושמאל. וו' הוא עיקר הגוף, שש קצוות שבפרצוף ההוא. וה' אחרונה הוא מלכות שבאותו פרצוף. עוד צריך להקדים בחינה אחרת קרובה אל הנ"ל, והוא כי מכל אות ואות משם הוי"ה יוצא הוי"ה אחת, ואין חילוק ביניהם רק באופן מלוייהן וזהו עניינם. כי י' שהוא רומז באבא שהוא ספירה הנקרא חכמה, יש בו הוי"ה אחת במילוי יודי"ן והוא גימטריא ע"ב. וה ה' נרמזת באימא שהיא הספירה הנקרא בינה,

---

פרצוף הזמנים

יש בה הוי"ה במילוי יודי"ן ואלף כזה – יו"ד ה"י וא"ו ה"י, והוא גימטריא ס"ג. והו' שהוא רומזת בז"א שהם שש ספירות אשר מחסד עד יסוד, יש בה הוי"ה אחת במלוי אלפי"ן, והוא גימטריא מ"ה. וה' אחרונה שהיא רומזת במלכות, נוקבא דז"א, יש בה הוי"ה אחת במילוי ההי"ן והוא גימטריא ב"ן.

קוץ של י

נרנח"י	עסמ"ב	פרצוף	ספירה	הוי"ה
יחידה		א"א	כתר	○
חיה	ע"ב	אבא	חכמה	י
נשמה	ס"ג	אימא	בינה	ה
רוח	מ"ה	ז"א	חג"ת נה"י	ו
נפש	ב"ן	נוקבא	מלכות	ה

תיקוני הפנים בחודשי השנה

פסוק	צירוף	תיקוני גולגלתא	ספירה	חודש
יִשְׂמְחוּ הַשָּׁמַיִם וְתָגֵל הָאָרֶץ	יהוה אהיה	גולגלתא דנוק'	חסד	ניסן
יִתְהַלֵּל הַמִּתְהַלֵּל הַשְׂכֵּל וְיָדֹעַ	יההו אההי	אוזן ימין דנוק'	גבורה	אייר
יָדֹתָיו וּלְצֵלַע הַמִּשְׁכָּן הַשֵּׁנִית	יוהה איהה	אוזן שמאל דנוק'	תפארת	סיון
זֶה אֵינֶנּוּ שׁוֶה לִי	הודי היהא	עין ימין דנוק'	נצח	תמוז
הַסְכֵּת וּשְׁמַע יִשְׂרָאֵל הַיּוֹם	הויה היאה	עין שמאל דנוק'	הוד	אב
וּצְדָקָה תִּהְיֶה לָנוּ כִּי	ההוי ההיא	חותם דנוק'	יסוד	אלול
וַיִּרְאוּ אֹתָהּ שָׂרֵי פַרְעֹה	והיה יהאה	גולגלתא דז"א	חסד	תשרי
וּדְבַשׁ הַיּוֹם הַזֶּה יְהֹוָה	וההי יההו	אוזן ימין דז"א	גבורה	חשון
וַיֵּרָא יוֹשֵׁב הָאָרֶץ הַכְּנַעֲנִי	ויהה יאהה	אוזן שמאל דז"א	תפארת	כסלו
לַיהֹוָה אִתִּי וּנְרוֹמְמָה שְׁמוֹ	היהו האהי	עין ימין דז"א	נצח	טבת
הָמֵר יְמִירֶנּוּ וְהָיָה הוּא	היוה האיה	עין שמאל דז"א	הוד	שבט
עירה וְלַשֹּׂרֵקָה בְּנִי אֲתֹנוֹ	ההוי ההאי	חותם דז"א	יסוד	אדר

בשנה מעוברת, כאשר יש אדר שני, מתקנים את בחינת הפה דז"א, ומכוונים בכל הצירופים של כל החודשים.

חילוק אותיות הוי"ה לכל חודש

חודש	צירוף	אות	פרצוף	אות	פרצוף	אות	פרצוף	אות	פרצוף
ניסן	יְהֹוָה	י	אבא	ה	אימא	ו	ז"א	ה	נוק'
אייר	יְהַהֹו	י	אבא	ה	אימא	ה	נוק'	ו	ז"א
סיון	יְוֹהָה	י	אבא	ו	ז"א	ה	נוק'	ה	אימא
תמוז	הֱוֹהִי	ה	אימא	ו	ז"א	ה	נוק'	י	אבא
אב	הֲוָיָה	ה	אימא	ו	ז"א	י	אבא	ה	נוק'
אלול	הֲהֹוִי	ה	אימא	ה	נוק'	י	אבא	ה	אימא
תשרי	וְהִיָה	ו	ז"א	ה	נוק'	ה	אימא	י	אבא
חשון	וְהַהִי	ו	ז"א	ה	נוק'	ה	אימא	י	אבא
כסלו	וַיְהָה	ו	ז"א	י	אבא	ה	נוק'	ה	אימא
טבת	הַיְהֹו	ה	נוק'	י	אבא	ה	אימא	ו	ז"א
שבט	הֲיָוֶה	ה	נוק'	י	אבא	ו	ז"א	ה	אימא
אדר	הַהֹיְו	ה	נוק'	ה	אימא	י	אבא	ו	ז"א

כתב[2] הרב הגאון המקובל בני יששכר – הנני רוצה לקיים בחיבורי זה מצות עשה דאורייתא – החדש הזה לכם ראש חדשים. על כן הגם דלשנות העולם מתשרי מנינן, עם כל זה אדבר מדי חדש בחדשו ואתחיל מניסן. ידוע בי"ב חדשי השנה שולטים י"ב צירופי הוי"ה, והם בגימטריא שי"ב [312], בגימטריא חדש.

ידוע מכתבי מרן האריז"ל אשר בכל ראש חדש צריכין לכוון במוסף בסיום הברכה האמצעית צירוף הוי"ה השולטת באותו החדש. ובזה פירשנו מה שאמרו רז"ל[3] מפני מה ישראל מתפללין ואינם נענים, מפני שאינם יודעים להתפלל בשם, שנאמר – אשגבהו[4] כי ידע שמי יקראני ואענהו, עד כאן לשונו. והנה לכאורה אינו מובן ועל פי הנזכר לעיל, יתכן היינו שאינם יודעים לכוון צירוף השם השולט באותו החדש, ועל פי זה פירשנו במשה – ואתחנן[5] אל הוי"ה בעת ההוא לאמר דקשה מהו הנרצה בעת ההוא דייקא ומהו הלאמר ועפ"י דברינו הנ"ל יתפרש ואתחנן אל הוי"ה בעת ההוא אל צירוף השם הוי"ה השולט בחדש ההוא והוא הנרצה לאמ"ר לדורות שיכוונו בתפלתם צירוף הוי"ה השולט מדי חודש בחדשו ויהיו נענים בתפלתם:

חודש ניסן

והנה צירוף הוי"ה של חדש ניסן הוא הצירוף הראשון כסדרה יהו"ה, יוצא מפסוק י'שמחו ה'שמים ו'תגל ה'ארץ ראשי תיבות השם הנכבד הנ"ל, ומבואר זה בתיקוני הזוהר.

יִשְׂמְחוּ הַשָּׁמַיִם וְתָגֵל הָאָרֶץ	יְהֹוָה אֶהְיֶה	גולגלתא דנוק'	חֶסֶד	**ניסן**

שבועות החודש הם **אבא אימא ז"א נוק'** –

יְהֹוָה אֶהְיֶה

נוק'	ה	ז"א	ו	אימא	ה	אבא	י	יְהֹוָה	**ניסן**

---

[2] בכללות כתבי הרב

[3] פסיקתא כב י

[4] תהלים צא יד

[5] דברים ג כג

וזודֶשׁ אייר

וסגולת החדש וכל הזמנים אשר בזה החדש, צירוף הויה השולט בחדש הזה יהה"ו ייצא מפסוק בראשי תיבות י'תהלל ה'מתהלל ה'שכל ו'ידוע. וכאשר תתבונן בדברי מרן האריז"ל בסוד תפילין דרש"י ותפילין דר"ת. הנה תפילין דרש"י הוא הוי"ה כפשוטה המאירה בחדש ניסן, היוצא מפסוק י'שמחו ה'שמים ו'תגל ה'ארץ. ותפילין דר"ת הם בסוד צירוף יהה"ו היוצא מפסוק י'תהלל ה'מתהלל ה'שכל ו'ידוע. וכתב האריז"ל שהתפילין הללו המה מסוגלים מאד להשגת חכמה. [נראה לי כי המה בסוד המוחין דאבא חכמה, על כן הצירוף הזה נרמז בפסוק הנ"ל] כאשר תתבונן כל זה תבין   כי   גם החדש הזה אשר מאיר בו הצירוף הנזכר לעיל מסוגל להשגה:

| אייר | **גבורה** | אוזן ימין דנוק' | **יְהֵהֻוּ אֲהֵהֵי** | יִתְהַלֵּל הַ**מִּתְהַלֵּל הַשֵּׂכֶל** וְיָדַע |

שבועות החודש הם **אבא אימא נוקבא ז"א** –

יְהֵהֻוּ אֲהֵהֵי.

אייר	**יְהֵהֻוּ**	י	**אבא**	ה	**ה**	**נוק'**	ו	**ז"א**

וזודֶשׁ סיוָן

צירוף הוי"ה של החדש הזה הוא יוה"ה, יוצא מפסוק י'דות ו'לצלע ה'משכן ה'שנית. ראשי תיבות הצירוף נזכר לעיל. ומזה יובן לך דקדוק במקראי קדש בחדש השלישי לצאת בני ישראל וכו', ביום הז"ה באו וכו', הנה ביום הז"ה משמע לשלול זמן אחר, רק יום הזה היה מוכן לכך. אבל להיות לקבלת התורה נצטוו היו נכונים וכו', אל תגשו אל אשה. והנה הוי"ה השולטת בחדש הזה כביכול אותיות הדכורין לבד, ואותיות הנוקבא לבד. וזהו ביום הזה דייקא, היום הזה מסוגל לקבלת התורה, היינו ההכנה לקבלת התורה, שמתחיל להאיר הצירוף הנזכר לעיל.

| סיון | **תפארת** | אוזן שמאל דנוק' | **יוֹהֵהַ אֲיֵהֵהֵ** | יְדֹתָיו וּלְצֶלַע הַמִּשְׁכָּן הַשֵּׁנִית |

שבועות החודש הם **אבא** ז"א **נוקבא** אימא –

יְוֹהַהַ אִיהַהַ.

אימא	ה	נוק'	ה	ה	ז"א	ו	אבא	י	יְוֹהַהַ	סיון

חודש תמוז

צירוף הוי"ה השולט בחודש תמוז הוא הוה"י יוצא מפסוק. וכל זה
איננו שוה' לי', מן הסופי תיבות.

זֶה אֵינֶנּוּ שׁוֶה לִי	הֲוֹהַֹי הָיֶהַֹא	עין ימין דנוק'	נֶצַח	תמוז

שבועות החודש הם **אימא** ז"א **נוקבא** אבא –

הֲוֹהַֹי הָיֶהַֹא

אבא	י	נוק'	ה	ה	ז"א	ו	אימא	ה	הֲוֹהַֹי	תמוז

חודש מנחם–אב

וצירוף הוי"ה של חדש מנחם–אב הוא הוי"ה, נרמז בתורה ה'סכת
ו'שמע י'שראל ה'יום. ואני שמעתי מהמקובל הגדול הרב שב"י, ידוע
שכל פעם שמזכירים את השם הנכבד והקדוש י'ה'ו'ה', נזכר בשם הוי"ה,
והסיבה היא כדי שבכל פעם שאנו מזכירים את השם בשם הוי"ה, כדי
שנזכור את חורבן הבית שהיה בחודש זה. ועוד יש להימנע מהזכרת
השם באותיות יקו"ק, כי הגימטריא של יקו"ק הוא 216, שזה גימטריא
גבורה, ושם הוי"ה הוא בחינת רחמים כידוע למשכילים.

הַסְכֵּת וּשְׁמַע יִשְׂרָאֵל הַיּוֹם	הַוֹיָה הָיָאה	עין שמאל דנוק'	הוֹד	אב

שבועות החודש הם **אימא** ז"א **אבא** נוקבא –

הַוֹיָה הָיָאה

נוק'	ה	אבא	י	ז"א	ו	אימא	ה	הַוֹיָה	אב

חודש אלול

צירוף שם הו"יה של החדש אלול היא ההו"י יוצא מן סופי תיבות
וצדקה' תהיה' לנו' כי'.

אלול	יסוד	חוטם דנוק'	הֵהֹוִי הֵהֹיֶא	וּצְדָקָה תִּהְיֶה לָנוּ כִּי

שבועות החודש הם **אימא נוקבא ז"א אבא** –

הֵהֹוִי הֵהֹיֶא

אבא	י	ז"א	ו	נוק'	ה	אימא	ה	הֵהֹוִי	אלול

חודש תשרי

צירוף שם הנכבד המאיר בחדש הזה תשרי הוא צירוף והיה יוצא מסופי
תיבות דפסוק ויראו' אתה' שרי' פרעה'.

תשרי	חסד	גולגלתא דז"א	וְהֹיָה יָהֹאֶה	וַיִּרְאוּ אֹתָה שָׂרֵי פַרְעֹה

שבועות החודש הם **ז"א נוקבא אבא אימא** –

וְהֹיָה יְהֹאֶה

אימא	ה	אבא	י	נוק'	ה	ז"א	ו	וְהֹיָה	תשרי

חודש מר-חשון

צירוף השם הנכבד המאיר בזה החדש הוא והה"י, יוצא מראשי תיבות
מפסוק פרשת תבא ו'דבש ה'יום ה'זה י'הוה

חשון	גבורה	אוזן ימין דז"א	וְהַהֹיְ יֵהֹהַוּ	וּדְבַשׁ הַיּוֹם הַזֶּה יְהֹוָה

שבועות החודש הם **ז"א נוקבא אימא אבא** –

וְהַהֹיְ יֵהֹהַוּ

אבא	י	אימא	ה	נוק'	ה	ז"א	ו	וְהַהֹיְ	חשון

חודש כסלו

צירוף השם הנכבד המאיר בחדש כסלו הוא ויה"ה, יוצא מראשי תיבות הפסוק ו'ירא י'ושב ה'ארץ ה'כנעני.

כסלו	תפארת	אוזן שמאל דז"א	וַיְהָה יַאֲהֲה	וַיַּרְא יוֹשֵׁב הָאָרֶץ הַכְּנַעֲנִי

שבועות החודש הם ז"א אבא נוקבא אימא –

וַיְהָה יַאֲהֲה

כסלו	וַיְהָה	ו	ז"א	י	אבא	ה	נוק'	ה	אימא

חודש טבת

צירוף השם הנכבד של חדש טבת הוא היה"ו, יוצא מסופי תיבות הפסוק ליהוה' אתי' ונרוממה' שמו'.

טבת	נצח	עין ימין דז"א	הַיְהֹוּ הַאֹהֹי	לַיהוָה אִתִּי וּנְרוֹמְמָה שְׁמוֹ

שבועות החודש הם נוקבא אבא אימא ז"א –

הַיְהֹוּ הַאֹהֹי

טבת	הַיְהֹוּ	ה	נוק'	י	אבא	ה	אימא	ו	ז"א

חודש שבט

צירוף השם הנכבד המאיר בזה החדש שבט הוא היו"ה, ויוצא מראשי תיבות הפסוק ה'מר י'מירנו ו'היה ה'וא.

שבט	הוד	עין שמאל דז"א	הַיְוָה הַאֹיָה	הָמֵר יְמִירֶנּוּ וְהָיָה הוּא

שבועות החודש הם נוקבא אבא ז"א אימא –

הַיְוָה הַאֹיָה

שבט	הַיְוָה	ה	נוק'	י	אבא	ו	ז"א	ה	אימא

חודש אדר

צירוף השם הנכבד המאיר בזה חודש אדר, יוצא מסופי תיבות של הפסוק עירה' ולשרקה' בני' אתנו'.

אדר	יסוד	חוטם דז"א	הֲהָיֶו הֲהָאֵי	עירה וְלַשֹּׂרֵקָה בְּנִי אֲתֹנוֹ

שבועות החודש הם **נוּקְבָא אִימָא אַבָּא ז"א** –

הֲהָיֶו הֲהָאֵי

אדר	הֲהָיֶו	הֲ	נוּק'	הֲ	אִימָא	הֲ	י	אַבָּא	ו	ז"א

צריך לדעת כי בשנה מעוברת, כאשר יש חודש נוסף, והוא חודש אדר ב', גם בפרצוף הימים וגם בפרצוף הזמנים אנחנו מתקנים את פה דז"א הכולל את כל צירופי החודשים של כל השנה.

נביא דוגמה לפרצוף הזמנים ליום שני כ"ג כסלו תשע"ז בשעת נץ החמה

הלכה למעשה חכמי הקבלה פסקו הרמב"ם ומרן השולחן ערוך מאיזה זמן נקבע זמן ספירת השמיטות ויובלות, והוא שנקבע כי סדר השמיטות והיובלות מתחיל 14 שנה אחרי שבני ישראל נכנסו לארץ ישראל.

וזה לשון ברמב"ם בהלכות שמיטה ויובל פרק י' הלכה ב' – ומאימתי התחילו למנות, מאחר ארבע עשרה שנה משנכנסו לארץ, שנאמר שש שנים תזרע שדך ושש שנים תזמור כרמך, עד שיהיה כל אחד מכיר את ארצו ושבע שנים, עשו בכבוש הארץ, ושבע שנים בחילוק, נמצאת אומר **בשנת שלש וחמש מאות ואלפים** מראש השנה, מאחר מולד אדם הראשון שהיא שנה שניה ליצירה, התחילו למנות ועשו שנת עשר וחמש מאות ליצירה, שהיא שנת אחת ועשרים משנכנסו לארץ, שמטה ומנו שבע שמטות וקדשו שנת החמישים שהיא שנת ארבע ושים משנכנסו לארץ. ומרן פסק כדברי הרמב"ם.

סוֹף דבר בקיצור עד שנת ה'תת"ד [שנת 2044] אנחנו ביובל ס"ז.

לכן אנחנו מתקנים את השמיטות דבחינת האחור [עיין בדברי הרב יעקב קצין זצ"ל] של יובל הס"ז.

בכל יובל יש שבע שמיטות, אלו השמיטות דיובל ס"ז:

שנים	השמיטה
משנת תשנ"ה עד שנת תשס"א	שמיטה א' – חסד
משנת תשס"ב עד שנת תשס"ח	שמיטה ב' – גבורה
משנת תשס"ט עד שנת תשע"ה	שמיטה ג' – תפארת
משנת תשע"ו עד שנת תשפ"ב	שמיטה ד' – נצח
משנת תשפ"ג עד שנת תשפ"ט	שמיטה ה' – הוד
משנת תש"צ עד שנת תשצ"ו	שמיטה ו' – יסוד
משנת תשצ"ז עד שנת תת"ג	שמיטה ז' – מלכות

נמצא ששנת תשע"ח היא השמיטה הרביעית, נצח דיובל ס"ז.

כל שמיטה מתחלקת לשבע שנים, שהם חג"ת נה"ים, וכן שמיטת הנצח דיובל ס"ז מתחלקת לחג"ת נהי"ם:

שנה	שמיטת הנצח
תשע"ו	שנה א' – חסד
תשע"ז	שנה ב' – גבורה
תשע"ח	שנה ג' – תפארת
תשע"ט	שנה ד' – נצח
תש"פ	שנה ה' – הוד
תשפ"א	שנה ו' – יסוד
תשפ"ב	שנה ז' – מלכות

לסכום עד כאן, יוצא שעד עתה שבשנת ה' אלפים תשע"ח אנו מתקנים בפרצוף הזמנים את בירורי תפארת דנצח דיובל ס"ז.

כל שנה מתחלקת ל 12 זודיסים, שישה בקיץ ושישה בחורף, כמו בפרצוף הימים.

מ"ה דמ"ה ומ"ה דב"ן		בן דמ"ה ובן דב"ן	
נוקבא – נקבה		ז"א – זכר	
חסד	ניסן	חסד	תשרי
גבורה	אייר	גבורה	חשון
תפארת	סיון	תפארת	כסלו
נצח	תמוז	נצח	טבת
הוד	אב	הוד	שבט
יסוד	אלול	יסוד	אדר

חודש כסלו הוא בספירת התפארת.

כסלו	תפארת	אוזן שמאל דז"א	וַיְהָה יֹאהֲהָ	וַיַּרְא יוֹשֵׁב הָאָרֶץ הַכְּנַעֲנִי

לסכום עד כאן, יוצא שעד עתה שבשנת ה' אלפים תשע"ח אנו מתקנים בפרצוף הזמנים את בירורי תפארת דתפארת דנצח דיובל ס"ז.

כל חודש מתחלק לארבעה שבועות, בניגוד לפרצוף הימים שתמיד סדר השבועות של כל חודש הוא אבא, אימא, ז"א, נוקבא, וראש חודש הוא בחינת כתר או א"א.

בפרצוף הזמנים סדר השבועות משתנה לפי סדר צירופי אותיות הוי"ה.

שבועות החודש כסלו הם ז"א אבא נוקבא אימא ויה"ה

כסלו	ויה"ה	ו	ז"א	י	נוק'	ה	אימא

לסכום עד כאן, יוצא שעד עתה שבשנת ה' אלפים תשע"ח אנו מתקנים בפרצוף הזמנים את בירורי אימא דתפארת דתפארת דנצח דיובל ס"ז.

כמו בפרצוף הימים כל שבוע מתחלק לשבעה ימים, שהם זחג"ת נהי"ם:

ימים	ראשון	שני	שלישי	רביעי	חמישי	שישי	שבת
ספירות	חסד	גבורה	תפארת	נצח	הוד	יסוד	מלכות

לסכום עד כאן, יוצא שעד עתה שבשנת ה' אלפים תשע"ח אנו מתקנים בפרצוף הזמנים את בירורי גבורה אימא דתפארת דתפארת דנצח דיובל ס"ז.

כמו בפרצוף הימים גם בפרצוף הזמנים כל יום מתחלק ל – 24 שעות שהם סוד 24 ספירות, ו – 12 צירופי שמות הוי"ה ביום, ו – 12 צירופי שמות הוי"ה בלילה, וכל שש שעות מארבעה חלקי היום והלילה מתחלקים כל חלק לשש ספירות חג"ת נה"י.

שעות היום

מהנץ עד זזצות היום		מזזצות עד השקיעה	
שעה א	חסד	שעה ז	חסד
שעה ב	גבורה	שעה ח	גבורה
שעה ג	תפארת	שעה ט	תפארת
שעה ד	נצח	שעה י	נצח
שעה ה	הוד	שעה יא	הוד
שעה ו	יסוד	שעה יב	יסוד

שעות הלילה

מחצות הלילה עד הבוקר		מהשקיעה עד חצות הלילה	
חסד	שעה א	חסד	שעה א
גבורה	שעה ב	גבורה	שעה ב
תפארת	שעה ג	תפארת	שעה ג
נצח	שעה ד	נצח	שעה ד
הוד	שעה ה	הוד	שעה ה
יסוד	שעה ו	יסוד	שעה ו

לסכום עד כאן, יוצא שעד עתה שבשנת ה' אלפים תשע"ח חודש כסלו בשבוע הרביעי ביום שני בנץ החמה אנו מתקנים בפרצוף הזמנים את בירורי — חסד [יהו"ה] דגבורה דאימא דתפארת דתפארת דנצח דיובל ס"ז.

שעה	יום	שבוע	חודש	שנה	שמיטה	יובל
חסד	גבורה	אימא	תפארת	תפארת	דנצח	ס"ז

בעיקרון אנחנו עובדים עם פרצוף הימים והזמנים בכל יום, עם כל זאת עיקר העבודה דפרצוף הזמנים הוא במועדי ישראל:

בפסח מתקנים את א"ק ואבי"ע דא"ק ואבי"ע דחסד.

בשבועות א"ק ואבי"ע א"ק ואבי"ע דתפארת.

בימים הנוראים את א"ק ואבי"ע א"ק ואבי"ע דגבורה.

בפורים א"ק ואבי"ע א"ק ואבי"ע דנצח.

בחנוכה א"ק ואבי"ע א"ק ואבי"ע דהוד.

אין גילוי מפורש בדברי האר"י זלה"ה והרש"ש לבחינת היסוד והמלכות דפרצוף הזמנים איך נתקן. ונראה מהדרושים שהכוונה שב**ט"ו בשבט** נתקן א"ק ואבי"ע א"ק ואבי"ע דיסוד. וב**ט"ו באב** נתקן א"ק ואבי"ע א"ק ואבי"ע דמלכות.

פרצוף זמנים

חסד	**גבורה**
פסח	ר"ה – ש"ע

תפארת
שבועות

נצח	**הוד**
פורים	חנוכה

יסוד
ט"ו בשבט

מלכות
ט"ו באב

הקדמה לסדר הזמנים וששת ימי בראשית
לרבי יעקב קצין זצ"ל

ידוע מה שכתב מורנו הרש"ש זלה"ה, בספרו הקדוש נהר שלום [בהקדמות רחובות הנהר דף ג' סף ע"ג] כי על ידי תפילות ישראל מתבררין בירורי שבעה מלכים דזו"ן דספירות [עיין השמ"ש בעץ חיים שער י"ז פרק ב' אות א' וב'] ודנשמות ודעולמות שיעור קצוב בכל תפלה, ומעלים אותם למ"ן וכפי גודל כונתם, וזכותם, ומעשיהם, וזכות הזמן ההוא, כך גודל התיקון, ובכל יום מעלים ניצוצות חדשים ואין יום דומה לחבירו ואין צדיק דומה לחבירו, וכל איש חלוק מחבירו, וזהו גודל חיוב מצות התפילות [עיין שער הכוונות דף נ"ט סוף ע"א] והמצות בכל יום וכל אחד מתקן כפי בחינה השייכה לו, ותתקן החלבנה מה שלא תתקן הלבונה, ולכן הכל צריכין זה לזה, ולא יוכל שום אחד מישראל לעשות מה שיעשה חבירו, עד כאן תוכן דבריו.

ועל כן העובד את הוי"ה בכוונה, צריך לידע בכל יום ויום באיזה ספירה, ובחינה שייכה התפילה ההיא, כי כל יום נדרש לעצמו ומידינו יבוקש זאת, וכמו שכתוב בנהר שלום [דף כ"ד ע"ב], וז"ל - וצריך לידע חשבון השנים לפי סדר חשבון הספירות דפרצופי ו"ק דזו"ן, הנפרטים לשיתא אלפי שני דהוי עלמא, כדי לידע באיזה פרצוף היא אותה השנה ובאיזה ספירה הוא אותו החדש, ובאיזו ספירה מחבת"ם [היב"ש - חכמה, בינה, תפארת, מלכות] הוא אותו שבוע, ובאיזה ספירה מו"ק דאותו שבוע הוא אותו יום, כדי לידע לברר ולהעלות הבירורים המתייחסים לכל יום ויום כראוי וכנכון, עד כאן דברי קודשו.

למשל אנו עכשיו באלף השישי, שהוא תיקון היסוד, וכבר עברו ממנו מספר ת"ר שנים, שהם כנגד חב"ד חג"ת. נמצא שאנו עומדין במאה השביעית, שהיא נצח דיסוד, והמאה עצמה כבר עברו ממנה פ"ה שנים, שהם חב"ד חג"ת נו"ה וחצי היסוד, שהם חב"ד חו"ג שביסוד. נמצא

שבשנתינו זאת התרפ"ו היא בתפארת דיסוד דנצח דיסוד. ועל דרך זה מונה והולך בכל שנה ושנה, כמו שנבאר להלן בס"ד.

וההחדש הראשון שהוא תשרי כתר דמ"ה דמ"ה וב"ן, הנקראים דכורא, בערך ב"ן דמ"ה וב"ן הנקראים נוקבא, הנתקנים בקיץ.

ושבוע רביעי שבחדש שמתחילין בו הכוונה הוא לברר ולתקן חג"ת נהי"ם דנוקבא דז"א דחסד דמ"ה דמ"ה וב"ן דתפארת דיסוד דנצח דיסוד, וכאן על דרך זה בשאר החדשים.

ודע כי כל הנזכר לעיל הוא הנקרא תיקון ששת ימי בראשית, ויש עוד בחינת הזמנים שצריך לכווין בזה בכל יום גם כן, וכמו שכתוב בנהר שלום [דף י"ג סוף ע"א] וז"ל – מספר זמן בירור ותיקון העולמות הוא שית אלפי שני דהוי עלמא, וזה בבחינת סדר ששת ימי בראשית, שהם פרטי ו"ק חג"ת ונה"י דחג"ת, שהם נפרטים בסדר תיקונם וזיכוכם מיום ליום לשבוע, ומשבוע לשבוע לחדש, ומחדש לחדש לשנה, ומשנה לשנה לעשר שנים, ומעשר לעשר למאה שנים, וממאה למאה לאלף שנים, ומאלף לאלף עד שיתא אלפי שני דהוי עלמא [ועיין בסוף תיקוני זהר חדש דף צ' ד"ה אדהכי], ובכל יום נתקן פרט אחד דכללות א"ק ואבי"ע כפי סדר מטבע שנעשה בששת ימי בראשית.

וכן על דרך זה הוא בירור ותיקון סדר הזמנים שהם בחינת פרטי פרצופי ו"ק חג"ת ונה"י דנה"י, שמשם התחילו לשמש המאירות והם נפרטים בסדר תיקונם וזיכוכם מיום ליום לשבוע, ומשבוע לשבוע לחדש, ומחדש לחדש לשנה, ומשנה לשנה לשמיטה, ומשמיטה לשמיטה ליובל, ומיובל ליובל עד המאציל העליון, עד שבכל יום נגמרה לתקן מדרגה אחת הסמוכה למאציל ונדבקה במאציל, עד כאן תוכן דבריו.

וכן כתב [בדף ט"ל ע"ג] בסדר שני הבחינות הנזכרים, ומה שכתב שם בעמוד ד' – הנסירה שבראש השנה לשנת הזמנים, שבכל לילה לששת ימי בראשית, עד כאן. מוכרח לומר דכוונתו היא דעיקר כוונת הזמנים

שׁשׁייכה בנסירת ראש השנה, שהיא מכלל חגים וזמנים. אבל ודאי שנכלל גם חלק ימי בראשית שהם טפלים בזה. וכן בנסירה דכל לילה עיקרא היא על שם הימים, כיון שהוא ימי החול, אומנם היא כלולה גם מחלק הזמנים, אלא שהם טפלים בזה, ומוכרח לחלק כן כיון שכתב בהקדמת המעביר הנזכר בסדר הזמנים עצמם, שתיקונם מיום ליום לשבוע וכו', ועין להרב תורת חכם דף ע"ה ע"ב ואילך בזה, לומר ששייך גם בכל יום סדר זמנים, ושזה כלול מזה, והזכיר דברים הנזכרים ועמד בייושובם, ועיין שם בביאורו. ועין בספר תולדות אהרון ומשה, בקונטרס אפר יצחק דבר זה שהעלה כן דבכל יום שייך שתי הכוונות, הכוונות דימים ודזמנים, ולעולם שייכים שניהם, יעוין שם. וזה פירושו, אין כאן מקום להאריך.

ולמודעי אני צריך כי תיקון הימים והזמנים שווים בבחינת ימי השבוע, שלעולם יום א' דשבוע חסד, יום ב' דגבורה, וכו' דימים וזמנים, שאף כשחל ראש חודש ביום ג' שהתיקון מתחיל מיום ד'. מכל מקום נלך על סדר הימים שביום ד' נתקן נצח דפרצוף אבא דאותו חודש, ביום ה' ו' ז' תיקון הוד יסוד מלכות דאבא. ביום א' ב' ג' תיקון חסד גבורה תפארת דאבא הנזכר. וכן על דרך זה מיום ד' ואילך מתחיל הבירור דאימא מנצח וכו'. ולעולם ימי הזמנים שווים על דרך ימי השבוע. וכן מתבאר מפשט לשון הרש"ש, שכן שניהם באופן אחד גבי ימים מיום ליום לשבוע. וסתם יום הוא כפי סדר ימי השבוע הידועים, ולא זולת. ועוד בסידור ועוד בסידור כתוב יום א' בלע דכולם וכו', ומוכרח לומר דשווים בזה ימים וזמנים, דאם לא כן והיה לו לומר יום א' דהחודש חסד וכו', ולחלק כפי מציאות החדשים לסדר הזמנים, וכעת לא השמיענו כל זה. וכן העלה בספר אפר יצחק זלה"ה, וז"ל – פשוט למשכילים שתיקון סדר זמנים וימי בראשית הוא שווה, דהיינו יום א' חסד דשניהם וכו'.

ושמעתי סוברים להיפך דסדר זמנים מתחיל מהחודש, שאם ראש חודש יום ד', ביום ה' מתחיל חסד דזמנים, והוד דימי בראשית וכו'. וזה לא ניתן ליאמר שיבוא יום שבת דזמנים ביום ד' וכיוצא בזה, וזה לא נשמע לעשות שתי שבתות בשבוע אחד וכו', והמשכיל על דבר ימצא,

כי לא יש כי אם זמן אחד ותיקון שתי הבחינות שווה, יום א' חסד דשניהם וכו', שלא יבוא בבחינת הזמנים יום א' שבשבוע אחד, אלא יבוא תפארת וכיוצא, ויהיה התיקון מהופך וכו', עד כאן דברי קודשו.

הרואה יראה שדבריו הזה נכונים בטעמם, ומצד ההיפוך אינו קשה, דמצא כזה כזה כמה ענינים ואין כאן מקום להאריך, וכן הוא דעת מורינו ורבינו הרב הגאון שד"ה יצ"ו, והביא דביא דיבורו לעיל בעמוד פ"א יעיין שם.

ובעניין סדר הזמנים לסדר היובלות, ראיתי בספר כתב רב למורינו הרב חיים פינסו זלה"ה שסידר משנת תרל"ה ואילך, וכתב שהיא שמיטה ששית דיובל קי"ג, ובשנת ה'תר"ן הוא היובל תיקון פנים בפנים דשבע שמיטות. וה'מתר"ן עד עד ה'ת"ש יובל קי"ד. מה'ת"ש עד ה'תש"נ יובל קט"ו. מה'תש"נ עד ה'ת"ת יובל קט"ז. מה'ת"ת עד ה'תת"נ יובל קי"ז. מה'תת"נ עד ה'תת"ק יובל קי"ח. מה'תת"ק עד ה'תתק"נ יובל קי"ט. מה'תק"נ עד ה'תת"ר יובל ק"ך. שהוא סוף אלף השישי, יעיון שם. וכדבריו מסודר בספר תולדות אהרון ומשה הנזכר, יעיון שם בדבריו.

ואנכי הרואה שדבריהם אין להם על מה שיסמכו, ותלמיד טועה כתבם, שדבר ידוע ומפורסם מה שפסק מרן ביורה דעה סימן של"א ששנת השמיטה האמיתית היתה בשנת ה'שי"ג, והיא סברת הרמב"ם בפרק י' מהלכות שמיטה ויובל, שכתב משם הגאונים שקבלה היא שאין מונים לשנות החורבן אלה שבע שבע, ועל פי זה עלה סדר השמיטין הנזכר, יעוון שם. וכך כתב הש"ך ביורה דעה שם דקיימא לן שנת החמישים עלה לכאן ולכאן [ערכין י"ב] ומנה שבע שבע והולך, עיין שם. ואם כן איך סידרו לכל יובל חמשים שנה, וכי בזה הזמן היובל נוהג כי לדבריהם שנת ה'ת"ש היא יובל, והלא לדעת מרן היא שנה ב' של השבוע כנודע מסדר קביעת השנים. וכן תראה שהעיד הרב זמרת הארץ [בדף כ"ו] שבשנת ה'תקל"ז שהייתה פטירת מורינו הרש"ש זלה"ה, האותה שנה חזר בו וכיון רק מבאהבה, אילך שהייתה שנת השמיטה, יעוון שם.

וסדר זה מתאים עם פסק מרן והרמב"ם, ואם כן איך יהיה כוונת שנת היובל בשנת ה'ת"ש שהיא ב' דשמיטה, שידוע דכל שמיטה מכוונים בה פנים בפנים דשש השנים. ועל דרך זה צריך להכווין בשנת היובל בסוף שבעה שמיטין, בשנת החמישים פנים דפנים דשבע שמיטות. וכמו שכתב הרש"ש בספרו הקדוש נהר שלום [די"ג ע"ב] ועל כן צריך להיות סדר הכוונה בשבע שמיטות ובשנת החמישים, תהיה הכוונה לבחינת פנים בפנים דשבע שמיטות, ועוד שייכה גם כן לתיקון ובירור שנה א' דשמיטה חדשה, וצריך להכלל בה שתי הכוונות. ועל פי זה יבוא הכל על נכון.

עוד קשה במה שסידרו מספר קי"ד, שרצו למנות מבריאת העולם, ומי גילה להם כן, והלא כתב הרמב"ם בפרק י' מהלכות שמיטה ויובל שהתחלת מנין השמיתות והיובלות היא משנת שני אלפים וחמש מאות ושלוש ליצירה אחר בריאת אדם הראשון [שהוא מולד וי"ד ולא ממולד בהר"ד, שבריאת אדם הראשון עיקר, עיין כמה מקומות שם. ובבית יוסף יורה דעה סימן של"א, ובהגהות מהרל"ח שם, ובדרישה חושן משפט סימן ס"ז יעיין שם בביאורו]. ואילך שהוא אחר י"ד שנים משנכנסו לארץ ומנו מאז ששה עשר יובלות וחמישה שמיטות, ובשנת ל"ו ליובל י"ז נחרב הבית. וכתבו הגאונים שמסורת בידם שמחורבן ואילך [עיין היטב בכמה מקומות שם בארוכה, ובתשובת הרמב"ם שם, ועיין מהרלב"ח בפירות שביעית סימן קמ"ג] מנו שבע שבע לבד, ועל זה אנחנו סומכין, שהקבלה והמעשה הם עמודים גדולים בהוראה, עד כאן תוכן דבריו.

ואם כן לפי זה מוכרח למנות סדר היובלות מעת שהתחילו למנות אחר כניסתם לארץ ולא מקודם, כיון שלא היה מנין יובל בעולם, ובכוונה אזלינן בתר סדר קביעת השנים בשמיטות, ועל דרך זה ביובלות ועל כן סידרנו על פי סדר הרמב"ם כי ט"ז יובלות וחמש שמיטות מנו ישראל משנת שני אלפים תק"ג עד שלושת אלפים של"ח שנחרב הבית, ובעונותינו הרבים מאז מנו שבע שבע, שהוא משלושת אלפים של"ח, ואחר שבעים שנה לחורבן נבנה בית שני, ועמד ת"ד שנה. ובשנת שבע לבנינו עלה עזרא ומנו שמיטין, שהוא אחר י"א שמיטין מהחורבן חסר

שנה, ומאז ואילך מנו שבע שבע. נמצא שמשנת שלושת אלפים של"ח עד ה'תרפ"ד עשה אותם שבע שבע, יעלו שלוש מאות וחמשה ושלושים שמיטות לערך. הכה אותם כל שבע שמיטות ליובל, יעלו שבעה וארבעים יובל וששה שמיטות. צרפם עם ט"ז יובלות וחמשה שמיטין שמנו בבית ראשון, יעלה הכל ארבע וששים יובל וארבע שמיטות. ובשנת ה'תרפ"ה היא א' דשמיטה חמישית דיובל ס"ה, וכן על דרך זה מונה והולך עד גאולת עולם, וביאת הגואל במהרה בימינו אמן. וכן נוטה דעת הרב הגאון מורינו הרב אברהם ענתבי יצ"ו, ושכן עדיף להימנות. והשם יאיר עינינו בתורתו אמן.

מַעֲלַת תְּפִילָה בִּזְמַן נֵץ הַחֲמָה

מִכַּאן אֶפְשָׁר לְהָבִין אֶת מַעֲלַת הַמִּתְפַּלְלִים בְּנֵץ הַחֲמָה, הַנִּקְרָאִים וָתִיקִין, וְכֵן הוּא בַּגְּמָרָא[1] – אָמַר אֲבִי לִתְפִילִין כְּאַחֵרִים, לִקְרִיאַת שְׁמַע כְּוָתִיקִין. דְּאָמַר רַבִּי יוֹחָנָן וָתִיקִין הָיוּ גוֹמְרִין אוֹתָהּ עִם הָנֵץ הַחֲמָה, תַּנְיָא נָמִי הָכִי וָתִיקִין הָיוּ גוֹמְרִין אוֹתָהּ עִם הָנֵץ הַחֲמָה, כְּדֵי שֶׁיִּסְמוֹךְ גְּאוּלָה לִתְפִלָּה, וְנִמְצָא מִתְפַּלֵּל בַּיּוֹם. אָמַר רַבִּי זִירָא מַאי קְרָאָה – יִירָאוּךָ[2] עִם שֶׁמֶשׁ וְלִפְנֵי יָרֵחַ דּוֹר דּוֹרִים. הֵעִיד רַבִּי יוֹסִי בֶּן אֱלִיקִים מִשּׁוּם קְהָלָא קַדִּישָׁא דְּבִירוּשָׁלַיִם, כָּל הַסּוֹמֵךְ גְּאוּלָה לִתְפִלָּה אֵינוֹ נִזּוֹק כָּל הַיּוֹם כּוּלּוֹ. וּמְבָאֵר רַשִׁ"י – וָתִיקִין – אֲנָשִׁים עֲנָוִים וּמְחַבְּבִין מִצְוָה:

וְכֵן נִפְסַק[3] בְּשֻׁלְחָן עָרוּךְ – זְמַן קְרִיאַת שְׁמַע שֶׁל שַׁחֲרִית מִשֶּׁיִּרְאֶה אֶת חֲבֵירוֹ הָרָגִיל עִמּוֹ קְצָת בְּרָחוֹק אַרְבַּע אַמּוֹת, וְיַכִּירֶנּוּ. וְנִמְשָׁךְ זְמַנָּהּ עַד סוֹף שָׁלוֹשׁ שָׁעוֹת שֶׁהוּא רְבִיעַ הַיּוֹם, *וּמִצְוָה מִן הַמּוּבְחָר לִקְרוֹתָהּ כְּוָתִיקִין* [פֵּירוּשׁ תַּלְמִידִים]. וְרַשִׁ"י פֵּירַשׁ אֲנָשִׁים עֲנָוִים וּמְחַבְּבִים הַמִּצְוֹת]. שֶׁהָיוּ מְכַוְּונִים לִקְרוֹתָהּ *מְעַט קוֹדֶם הָנֵץ הַחֲמָה* [פֵּירוּשׁ יְצִיאַת הַחַמָּה כְּמוֹ הַנֵּצוּ הָרִמּוֹנִים] כְּדֵי שֶׁיְּסַיֵּים קְרִיאַת שְׁמַע וּבִרְכוֹתֶיהָ עִם הָנֵץ הַחֲמָה *וְיִסְמוֹךְ הַתְּפִילָה מִיָּד בְּהָנֵץ הַחֲמָה* וּמִי שֶׁיּוּכַל לְכַוֵּין לַעֲשׂוֹת כֵּן שְׂכָרוֹ מְרוּבָּה מְאַד:

וְכֵן פָּסַק מָרָן הַשֻּׁלְחָן עָרוּךְ – זְמַן תְּפִלַּת הַשַּׁחַר *מִצְוָותָהּ שֶׁיַּתְחִיל עִם הָנֵץ הַחֲמָה* כְּדִכְתִיב יִירָאוּךָ עִם שֶׁמֶשׁ וְאִם הִתְפַּלֵּל מִשֶּׁעָלָה עַמּוּד הַשַּׁחַר וְהֵאִיר פְּנֵי הַמִּזְרָח יָצָא וְנִמְשָׁךְ זְמַנָּה.............

וְהָרִי"ח הַטּוֹב פָּסַק[5] – קְרִיאָתָהּ קוֹדֶם הָנֵץ הַחֲמָה, דְּהַיְינוּ סָמוּךְ לוֹ בִּכְדֵי שִׁיסַיֵּים קְרִיאַת שְׁמַע וּבִרְכוֹתֶיהָ עִם הָנֵץ הַחֲמָה, וְיִסְמוֹךְ הַתְּפִילָה מִיָּד בְּהָנֵץ הַחֲמָה, *וּמִי שֶׁיּוּכַל לַעֲשׂוֹת כֵּן מִצְוָה גְּדוֹלָה בְּיָדוֹ וּשְׂכָרוֹ עָצוּם גַּם בִּזְמַן הַזֶּה*, שֶׁאֵין לָנוּ כֹּחַ כַּחֲסִידִים הָרִאשׁוֹנִים הַנִּקְרָאִין וָתִיקִין, וּמִכָּל

---

[1] גְּמָרָא בְּרָכוֹת ד"ט ע"ב.

[2] תְּהִלִּים עב ה.

[3] שֻׁלְחָן עָרוּךְ אוֹרַח חַיִּים נ"ח א'.

[4] שֻׁלְחָן עָרוּךְ אוֹרַח חַיִּים פט א'.

[5] בֶּן אִישׁ חַי שָׁנָה רִאשׁוֹנָה, פָּרָשַׁת וָאֵרָא, אוֹת ג'.

מקום אם לא קראה קודם הנץ החמה יש לו להקדים לקרותה במהרה כל מה שיוכל, דזריזים מקדימין למצות:

ומבאר המשנה ברורה את דברי השלחן ערוך —

[באות ו] שהיו מכוונין — כי עיקר מצות תפילה לכתחילה הוא מעת התחלת הנץ מדכתיב יראוך עם שמש וכמו שנתבאר לקמן בסימן פ"ט ואם היו מתחילין לקרותה משיכיר את חבירו היה הרבה בין זה השיעור ובין הנץ והיה להם להתאחר אחר ק"ש ולהמתין עד שתנץ החמה ולא היו סומכין גאולה לתפלה לכן היו מכוונין לקרותה סמוך להנץ החמה ולגומרה עם הנץ:

[באות ז] הנץ החמה — היא השעה שהחמה מתחלת לזרוח בראשי ההרים:

[באות ח] מאד — ומובטח לו שהוא בן עולם הבא, ולא יוזק כל אותו היום:

וכתב[6] הרי"ח הטוב בשו"ת רב פעלים —

שאלה. לפי דעת רבינו הרש"ש ז"ל איכא שתי תיקונים, אחד בפרצוף הימים, ואחד בפרצוף הזמנים, ויש לנו מקום שאלה בזה, בימים שאנחנו עסוקים בתיקון פרצוף הזמנים, דהיינו בראש השנה וכיפור ומועדים, איך נתקן פרצוף הימים בימים ההם. וגם יש לשאול בימים שאנחנו עסוקים בפרצוף הימים, איך נתקן פרצוף הזמנים, דהא ודאי כל מה שיש בזה יש בזה, ורק זה הוא חג"ת ונה"י דחג"ת, וזה חג"ת ונה"י דנה"י, יורינו ושכרו כפול מן השמים:

תשובה. כל התיקונים ועליות שתהיינה בפרצוף הימים ופרצוף הזמנים, שבמחצב הנשמות יהיו מאליהן דבר יום ביומו, כפי השיעור שגזרה חכמת המאציל העליון, אפילו אם לא היה ח"ו שום אדם בעולם מתפלל ומקיים תורה ומצות, כי הכל נעשה מאיליו, אך רצה הקדוש ברוך הוא לזכות את ישראל, שיהיה לנשמתם חלק בעליות ותיקון העולמות כאן וכאן, הרבה להם תורה ומצות, שהם מכוונים לאותם העליות והתיקונים שלמעלה, כדי שעל ידי קיומם למטה, יהיה להם חלק בהנעשה למעלה כאלו נעשה על ידם ויקבלו שכר טוב על זה, וגם נשמתם תשתלם ותתוקן בכך כי נשמתם היא ממחצב הנשמות, בסוד מאמר — ברוך

אלהינו שבראנו לכבודו כנודע, אך כל אחד יש לו חלק שכר כפי הגעת שרשו למעלה למעלה וכל ששורשו למעלה יותר יגיע לו ריווח יותר. וכיוצא בזה כתב הרב החסיד מהרב חיים ז"ל בתורת חכם דף קל"ז ע"ב, וז"ל – ולעולם בין בקריאת שמע בין בתפלה, יש זווג דאו"א וזו"ן, אלא שהזיווג דזו"ן דקריאת שמע נעשה מאליו, וכן הזווג דאו"א דעמידה נעשה מאליו, ואף על פי שאנבחנו מוכרחים לכוון בו, נקרא מאליו ואינו נקרא שנעשה על ידינו וכמו הזווג דליל פסח, עד כאן לשון עיין שם. ולכן הזווג דליל חג השבועות וליל חג שמיני עצרת, אף על גב דנעשה בפרצוף הימים כיון דאינו נעשה על ידינו, כי אנחנו באותם הימים בפרצוף הזמנים, לכן נאסר הזווג למטה, וכמו שמבואר בליל פסח. זה הכלל כל התיקונים והעליות שנעשים למעלה בעולמות ופרצופים אשר במחצב הנשמות, דבר יום ביומו, הן בפרצוף הימים הן בפרצוף הזמנים, הכל נעשה מאליו, מן אדם הראשון עד גמר התיקון דשתת אלפי עלמא, אפילו אין אדם בתחתונים עושה מצוה ותפילה למטה, ורק זה חסדו יתברך עם ישראל עמו, אם יעשו מצות ותפילות השייכים לפרצוף הימים, נחשב להם כאלו דבר הנעשה בפרצוף הימים נעשה על ידם, וכשהם עוסקים במצות ותפילות השייכים לפרצוף הזמנים, נחשב להם כאלו דבר הנעשה בפרצוף הזמנים לעשה על ידם, ומקבלים עליו שכר גדול, והצדיקים שיודעים בסוד ה' ומקיימים סדר המצות שבלילה וביום כתקנם, באין מחסור זוכים שנחשב להם שהזיווגים העליונים ותיקונים העליונים נעשים על ידם ממש ואינו בסוג כאלו בכף הדמיון, וכמו שביאר רבינו האר"י ז"ל בשער הכוונות בדרושי הלילה דף נ"ד ע"ד, וז"ל – כי נתבאר לך איך כמה גדולה ונפלאה מעלת אדם העושה כסדר שאמרנו, שיכוין אל הזיווגים הנעשים בכל יום מתחילת תפלת ערבית עד סוף תפלת המנחה, ואין ספק שהיודע לכוון כל זה על אמיתתו גורם שהזיווגים הנזכרים נעשים על ידו ממש, ואין קץ ותכלית לשכרו ואין למעלה ממנו, ויהיה מכלל הצדיקים הגוזרים למטה ודבריהם מתקיימים למעלה, עד כאן לשונו, עיין שם. והשם יתברך יאיר עינינו באור תורתו, אמן כן יהי רצון.

וכתב[7] רבינו נחמן מברסלב – ראוי להזדרז להתפלל תמיד בבוקר השכם בכל מה שיוכל כי לפי גודל מעלת התפילה שיקרה מעלתה מאד מאד, מי יודע אם יזכה אחר כך להתפלל, על כן כל מה שיוכל להקדים עצמו ראוי לו לזרז מאוד ולהקדים.

בעלים[8] לתרופה כותב מוהרנ"ת – ואי אפשר להאריך יותר כי כבר הגיע זמן קריאת שמע של שחרית, ואתה ידעת עוצם תשוקתנו להתפלל תמיד בבוקר השכם כאשר הזהירנו הוא ז"ל, נא בני שתרגיל עצמך בזה, מי ייתן שתזכה להתפלל בכל יום תפילת הותיקין אשריך וטוב לך, כי כשמתפללין בבוקר השכם יש פנאי וחירות כל היום לעבודתו יתברך, אשרינו מה טוב חלקנו על כל דיבור ודיבור שזכינו לקבל ממעיני הישועה, כי גם הנהגה הזאת הנ"ל הוא יסוד גדול להתקרב להשם יתברך.

בצוואת[9] הבעל שם טוב – שהחילוק בין תפילת ותיקין ולאחריה, הוא כרחוק מזרח ממערב.

כמו[10] כן איתא בשיח שרפי קודש שמוהרנ"ת אמר – מה שנהגו ישראל לומר סליחות באשמורת הבוקר הוא כדי שיתפללו אחר כך כותיקין, כל כך חשובה תפילת הותיקין.

על כן, אשרי הזוכה להתפלל כותיקין, ומי שאינו זוכה לזה על כל פנים יקדים בכל מה דאפשר.

זמן הנץ הוא זמן של עת רצון גדולה בשמים והמתפלל בנץ החמה תפילתו מתקבלת מאחר והעת רצון היא גדולה מאוד.

מעלה מיוחדת יש גם בתפילת ציבור, כאשר הציבור מתפלל יש עת רצון גדולה בשמים והתפילה בציבור נשמעת תמיד.

נחלקו הפוסקים מה עדיף - איזה עת רצון עדיפה תפילת נץ או תפילת ציבור. מי שיכול להתפלל במניין בנץ, זוכה לשני המעלות גם יחד ואין לך עת רצון גדולה יותר מזו.

---

[7] שיחות הר"ן, ל"א
[8] מכתב כ"ד
[9] ט"ז
[10] חלק ב' תקט"ו

עוד על תפילה בנץ החמה

א. תפילת ותיקין - חיוב גמור או מצוה מן המובחר

במסכת ברכות מובא: ו*תיקין היו גומרין אותה* [את קריאת שמע] *עם הנץ החמה*, כדי שיסמוך גאולה לתפילה ונמצא מתפלל ביום. אמר רבי זירא, מאי קראה - יִירָאוּךְ עִם שָׁמֶשׁ וְלִפְנֵי יָרֵחַ דּוֹר דּוֹרִים.

ופירש רש"י: *ותיקין, אנשים ענווים ומחבבין מצוה*. מאי קראה דמצוה להתפלל עם הנץ החמה; עם שמש, כלומר כשהשמש יוצא, היינו עם הנץ החמה.

ואילו תוספות [שם ד"ה לקריאת שמע] כתבו – *ומידהו מצוה מן המובחר כותיקין סמוך להנץ החמה כדי לסמוך גאולה לתפילה*. הנה כי כן, מדברי רש"י משמע כי התפילה עם הנץ החמה היא מצוה מעיקר הדין, בעוד שהתוספות כתבו שזו מצוה מן המובחר.

גם מדברי רש"י על המשנה משמע כי התפילה עם הנץ החמה היא מצוה מעיקר הדין, ולא עוד אלא שזו *שעת רצון* מובחרת. מאידך גיסא, בגמרא בברכות מסופר שרב ברונא סמך גאולה לתפילה *כותיקין*, וכל אותו יום לא פסק ממנו *חוכא* – שחוק של שמחה. ומשמע שהתפילה כותיקין היא מעלה בעלמא, אבל לא חיוב גמור.

כמו כן יש לדייק מלשונות הפוסקים המובאים לקמן, אם **מצוה להתפלל עם הנץ החמה** – כדברי הרמב"ם, או **מצוה מן המובחר לקרותה כותיקין** – כדברי השולחן ערוך.

ב. הנץ החמה - זמן לתפילה, או לקריאת שמש

רבותינו הראשונים נחלקו האם זמן הנץ החמה הנלמד מהפסוק – *ייראוך עם שמש*, נאמר לעניין תחילת התפילה כוותיקין, או שלעניין קריאת שמע אמרוה.

מדברי התוספות בברכות ומפסקי הרא"ש נראה כי דעתם שהנץ הוא הסימן לצורך תחילת התפילה כוותיקין.

ברם, הרא"ש הביא שרבינו חננאל פירש אחרת את לשון הברייתא – *ותיקין היו גומרין אותה עם הנץ החמה*, שהנץ הוא הזמן הנדרש לקריאת שמע, ועל זה נאמר בפסוק – *ייראוך עם שמש* [ראה את קושיות הרא"ש עליו].

וכן מבואר בדברי רבינו יונה ששיעור זמן זה הוא סוף זמן קריאת שמע לכתחילה – *זמן קריאתה לכתחילה, והוא משיראה את חברו ברחוק ארבע אמות ויכירנו כדכתבינן*, וכמו כן יש שני זמנים בסוף הזמן, אחד לכתחילה ואחד בדיעבד, ואפילו לותיקין האחד לכתחילה, והוא עד שתנץ החמה. והשנית בדיעבד, והוא עד שלוש שעות כרבי יהושע.

ג. תפילה קודם הנץ החמה - לכתחילה ובדיעבד

הרא"ש כתב שניתן ללמוד מקרבן התמיד את גדרי זמני התפילה, לפיכך תחילת הזמן לכתחילה הוא משהאיר פני המזרח, כקרבן התמיד. והנץ החמה הוא מצוה מן המובחר ועיקר המצוה. כלומר, אם האדם אינו מתפלל בזמן נץ החמה, אלא מזמן שהאיר המזרח [שהוא לאחר עמוד השחר וקודם הנץ] יצא ידי חובה.

כן נראה מדברי רבינו ירוחם שהביא הבית יוסף – *שאמנם מצוה מן המובחר להתפלל עם הנץ החמה*, אך מזמן שיכיר את חבירו ברחוק ארבע אמות, יצא ידי חובה.

מפסק מרן השולחן ערוך, עולה *כי לכתחילה יש להתפלל בנץ החמה*, אך בדיעבד יצא ידי חובה אפילו אם התפלל מעלות השחר.

ולמעשה כתב הפרי חדש כתב שיש שלושה זמנים להתחלת זמן התפילה:

[א] נץ החמה – זמן עיקר המצוה.

[ב] משעלה עמוד השחר והאיר המזרח – אפשר להתפלל לכתחילה.

[ג] משעלה עמוד השחר – בדיעבד יצא.

הביאור הלכה (ד"ה יצא) הביא את דברי הב"ח והפרישה הסוברים שאפשר לכתחילה להתפלל מזמן *משיכיר*, וכתב לאור דבריהם כי *אין למחות ביד הנוהגים להקל* להתפלל מזמן משיכיר.

ד. תפילה קודם הנץ החמה – בשעת הדחק

במסכת ברכות מסופר על – אבוה דשמואל ולוי כי הוו בעי למיפק לאורחא הוו מקדמי ומצלי, וכי הוה מטי זמן קריאת שמע קרו. **וכתב רש"י** – *שמתפללין קודם היום*, והבינו תוספות בדבריו דהיינו קודם עלות השחר.

דעת רוב הראשונים כתוספות שקודם עלות השחר אין יוצאים ידי חובה כלל, וכוונת הגמרא שבשעת הדחק ניתן להתפלל אף קודם נץ החמה, אך ודאי צריך שיהיה אחרי עלות השחר. וכן פסק השולחן ערוך.

מה נחשב כשעת הדחק – המשנה ברורה (ס"ק א') כתב *כשמשכים לצאת לדרך וכהאי גוונא שאר דוחק ואונס מותר להקדים*. וכן כתב על ליל שבועות שטורח הוא להתקבץ שנית.

וכן התירו האגרות משה והגאון רבינו עובדיה יוסף בשו"ת יחוה דעתלאדם שצריך לצאת מוקדם בבוקר לעבודתו.

ה. חישוב זמן הנץ החמה

הרמ''א כתב – שיעור הנץ הוא כמו שיעור עישור שעה קודם שיעלה כל גוף השמש על הארץ.

מדברי הביאור הלכה (ד"ה כמו) שכתב בשם הירושלמי ובשם הפוסקים – השעה שמתחלת החמה לזרוח בראשי ההרים, משמע שחישוב זמן הזריחה הוא על פי נץ החמה הנראה, וכן נהגו רוב מניני ותיקין כיום.

אומנם יש שחישבו את זמן הנץ על פי **הנץ האסטרונומי** (המישורי), ולא מתחשבים בכך שהחמה מוסתרת על ידי ההרים.

סיכום – בספר פסקי תשובות כתב שמכיון והפרש ביו הזמנים מסתכם בהבדל של שתים עד ארבע דקות **אין צריך** להקפיד ולצמצם הזמן, וכל משך זמן זה בגדר נץ החמה, ורחמנא ליבא בעי.

ו. נץ החמה ותפילה בציבור - מה עדיף

בשאלה זו דנו הפוסקים, ומצאנו דעות שונות בזה:

בספר מעשה רב מובא בשם הגר"א – להתפלל שחרית כותיקין, ובלבד עם מנין עשרה דווקא. משמע שלעולם יש להקפיד להתפלל ותיקין בציבור, ואין העדפה לתפילה זו על תפילה בציבור.

רבי שלמה קלוגר כתב בשו"ת האלף לך שלמה – הן אמת אם לא היו עוברים זמן קריאת שמע והברכות והיו מתפללים בזמנם, רק שאחד היה רוצה לעשות כותיקין להתפלל עם דמדומי חמה, בזה ודאי

אסור לעשות כן ולהתפלל ביחידות, ובזה תפילה בצבור עדיף.

הביאור הלכה הכריע – דע דהמזהירים לקרות כותיקין, מותר לקרות ולהתפלל ביחידי אם אין להם מנין. והוכחתו מדברי המשנה בברכות – בנדון **בעל קרי שירד לטבול**. דאפילו אם אין לו תפילין בעת ההיא גם כן, אפילו הכי יזהר לקרותה בזמנה סמוך להנץ. ומשנה זו איירי בותיקין, כדמסקינן בגמרא שם. [אמנם כשנדייק בדבריו נראה כי לדעתו העדפת התפילה עם הנץ החמה ביחידות על פני תפילה בציבור שלא בזמן הנץ החמה היא רק למי **שזהיר** להתפלל ותיקין, דהיינו נוהג כך בקביעות].

בשו"ת רבבות אפרים הביא את דבריו של רבי יצחק בלזר, רבה של פטרבורג, בשו"ת פרי יצחק – **אם הציבור מקדימים להתפלל קודם הנץ, ואם לא יתפלל בציבור גם כן לא יוכל לכוון להתפלל עם שמש חמה, לפי זה בודאי דיותר טוב להתפלל בציבור קודם הנץ מלהתפלל אחר כך ביחידות.** ודייק הרבבות אפרים – משמע לכאורה מדבריו, דאם יכול לכוון עם שמש ממש, דיתפלל ביחידות.

הגרי"ש אלישיב הביא את דברי הביאור הלכה, וכתב – ולא מסתבר לעניות דעתי לחלק בדין זה בין גברא לגברא. כלומר, בין אם הוא רגיל וזהיר להתפלל עם הנץ החמה בכל יום או לא, שהרי בכל יום ויום החיוב עליו לקיים את המצוה כתיקונה. ועוד תמה הגרי"ש על ראיית הביאור הלכה מהמשנה בברכות.

לאור דבריו כתב הגרי"ש – ולפי זה אין ראיה ממשנה דברכות, דלפי מה שכתב הרשב"א הרי מיירי שאחר כך הוא חוזר וקורא קריאת שמע עם ברכותיה, ויש לומר שמתפלל בעשרה. ולפי זה אין לנו להעדיף להתפלל [עם הנץ החמה] ביחידי, שהרי בנוגע לקריאת שמע בזמנו, הרי בידו לקיים בקריאת שמע גרידא, ואחר כך יתפלל בציבור, וזה וזה עלתה בידו.

בשו"ת יביע אומר הביא את דברי הביאור הלכה, וכתב – ולכאורה

לפי מה שכתב בשו"ת בנין עולם דתפילת צבור שהיא מדינא עדיפא מלקרות קריאת שמע ולהתפלל כותיקין, שזהו רק ממידת חסידות בעלמא. יוצא איפוא, שאדרבה, יותר נכון להתפלל בצבור מתפלה ביחיד בהנץ החמה. ומתבינא במקום שאין מנין כלל מיירי, ומיהו יש לומר שמכיון שיש הרבה קהילות בישראל שמתפללים בהנץ החמה, גם כשמתפלל ביחיד בעת ההיא הוה ליה בשעה שהצבור מתפללים, וכמו שכתב המשנה ברורה.

התפילה כותיקין חיוב מהלכות קריאת שמע או מדיני התפילה לעיל [אות א] הובאה מחלוקת הראשונים לענין מה הסמיכו את הפסוק – יראוך עם שמש – תפילה או קריאת שמע.

בספר שבט הלוי חקר מהו גדרה של המצוה להתפלל עם הנץ החמה – אם המצוה היא על קריאת שמע, שיקראוה סמוך להנץ החמה, אלא שממילא צריכים להתפלל מיד אחר הנץ בשביל סמיכת גאולה לתפילה. או שעיקר המצוה היא על התפילה, שהתחלתה תהיה מיד אחר הנץ, וממילא צריכים לקרות קריאת שמע סמוך להנץ, בשביל אותו טעם של סמיכת גאולה לתפילה.

חקירה זו מובאת בסגנון דומה גם בילקוט יוסף ואף הוא תלאה במחלוקת הראשונים הנ"ל. וכתב שם כי "מדברי רש"י מבואר, דמעלת הותיקין הוא מדין קריאת שמע, לקבל עול מלכות שמים עם הנץ החמה וכן משמע מדברי הרמב"ם שכתב דין זה בהלכות קריאת שמע, ולא זכר כן בהלכות תפילה. אך לדעת תוספות (ברכות ט, ב ד"ה לקריאת שמע) מעלת התפילה בנץ היא משום דין סמיכות גאולה לתפילה ולהתפלל עם הנץ. וכן דייק מלשון השולחן ערוך שעיקר ותיקין הוא מפני התפילה, וצריך לסמוך גאולה לתפילה ולהתפלל בהנץ החמה.

על פי חקירה זו כתב בשבט הלוי – אם ותיקין הוא מצוה בקריאת שמע, יש מקום לומר שהיא עדיפה יותר מתפילה בציבור, שכן קריאת שמע מצוה מהתורה ותפילה מדרבנן. אך אם מצות ותיקין על התפילה נאמרה, תפילה בציבור עדיף, שכן ותיקין אינו אלא הידור מצוה ולא

חיוב גמור, ואילו תפילה בציבור הוא דין ממש. ומכיון שרוב הראשונים סוברים כצד השני, הרי שתפילה בציבור דוחה מצות ותיקין.

אולם בילקוט יוסף כתב לאחר שהביא את דברי הראשונים הנ"ל — וצריך לומר דיש בותיקין שני מעלות, גם משום קריאת שמע וגם משום תפילה. ולפי זה, לכאורה לא ניתן להכריע מחקירה זו מה עדיף – תפילה עם נץ החמה ביחיד או תפילה בציבור שלא בהנץ החמה.

ז. תפילה עם הנץ החמה כשיפריע ללימוד ולסדרי הישיבה

בספר ילקוט יוסף כתב — בני תורה שאם יתפללו עם הנץ הדבר יפריע להם בלימודם, עדיף שיתפללו אחר הנץ.

בשו"ת מנחת אשר שנשאל לגבי לימוד בליל שבועות שיכול לגרום שלא להתפלל בנץ, והכריע — ולעניות דעתי נראה, דאף שמפשטות ההלכה פשוט שתפילת ותיקין עדיפה מלימוד בליל שבועות, אך מכיון שגם מנהג זה יסודתו בהררי קודש בדברי הזוהר ובכתבי האר"י החי והשל"ה, ואחת לשנה הוא ביום קבלת התורה כל אוהבי התורה וכל בית ישראל מהדרים בו, נראה דיש להדר במנהג זה אף אם על ידי כך יבצר ממנו להתפלל עם הנץ.

ח. תפילה עם הנץ החמה או תפילה עם ברכת כהנים

בספר רץ כצבי הסתפק האם יש להעדיף תפילה עם הנץ החמה ללא ברכת כהנים או תפילה עם ברכת כהנים בזמן מאוחר יותר, ותלה זאת במחלוקת, האם יש מצוה לישראל להתברך בברכת הכהנים.

ט. מעלת התפילה בנץ החמה

מבואר בגמרא בברכות — כל הסומך גאולה לתפילה אינו ניזוק כל היום כולו. ופירשו התוספות (ד"ה כל) כותיקין. וראה במהרש"א

שכתב שאף חזקיהו המלך כשביקש והטוב בעיניך עשיתי, שזכות תפילת ותיקין תצילו ממות.

ואף הבעל שם טוב זי"ע הזהיר על כך בצוואתו — להיות התפילה בין בקיץ בין בחורף קודם הנץ החמה. ובסוף דבריו כתב — ולפעמים, כשהיה עת שלא היה לו מנין, היה מתפלל ביחיד. והיינו כהכרעת הביאור הלכה לעיל.

וראה עוד בספר יערות דבש שכתב — המתפלל בהנץ החמה אינו חוטא כל היום ולכן איבו ביזוק.

תִּיקוּנֵי זוֹהַר חָדָשׁ דַּף צ'

אָמַר רַבִּי שִׁמְעוֹן מַאי וַיֵּרָא אֵלָיו. אֶלָּא קוּדְשָׁא בְּרִיךְ הוּא כְּגַוְנָא דְּאַחֲזֵי לְאָדָם קַדְמָאָה, דּוֹר דּוֹר וּפַרְנָסָיו דּוֹר דּוֹר וּמַנְהִיגָיו, הָכִי אַחֲזֵי לֵהּ לְאַבְרָהָם וְאָמַר, בְּהַאי דָּרָא יְהוֹן צַדִּיקִים, וּבְהַאי דָּרָא בֵּינוֹנִיִּים, וּבְהַאי דָּרָא רְשָׁעִים. אָמַר רַבִּי יוֹסֵי, בּוּצִינָא קַדִּישָׁא, הָא אוֹקְמוּהָ הַכֹּל בִּידֵי שָׁמַיִם חוּץ מִיִּרְאַת שָׁמַיִם, וּקְרָא אָחֲרָא כְּתִיב מִפִּי עֶלְיוֹן לֹא תֵצֵא הָרָעוֹת וְהַטּוֹב. וְאִם קֹדֶם דְּאַתְיָן לְעָלְמָא, אִתְגְּזַר עֲלַיְהוּ לְמֶהֱוֵי צַדִּיקִים אוֹ רְשָׁעִים אוֹ בֵּינוֹנִיִּים, לָא הֲוָה עָתִיד לְמֶהֱוֵי לוֹן אַגְרָא וְעוֹנְשָׁא, וְלָא הֲוָה לֵהּ לַנְּבִיא לְמֵימַר לוֹן מַתְנִיתִין לְמֵימַר, הַכֹּל בִּידֵי שָׁמַיִם חוּץ מִיִּרְאַת שָׁמַיִם. אָמַר רַבִּי שִׁמְעוֹן שְׁאֶלְתָּא דָּא עֲמִיקָא, וְאִפְּלִיגוּ בָּהּ קַדְמָאֵי, וְסַגִּיאִין כָּשְׁלוּ בָּהּ. בְּגִין דְּלָא מָטוּ לְעוּמְקָא דְּרָזָא. עַל נָבִיא אִתְּמַר הַאי קְרָא, (ירמיהו א) בְּטֶרֶם אֶצָּרְךָ בַבֶּטֶן יְדַעְתִּיךָ. וְרָזָא דָּא הַכֹּל צָפוּן, וְהָרְשׁוּת נְתוּנָה, הָא מִלִּין אִלֵּין סְתִימִין, וְלָא אִתְגַּלְיָן אֶלָּא בְּמַאי דְּאוֹקְמוּהָ רַבָּנָן, מַחֲשָׁבָה טוֹבָה הַקָּדוֹשׁ בָּרוּךְ הוּא מְצָרְפָהּ לְמַעֲשֶׂה. מַחֲשָׁבָה רָעָה אֵין הַקָּדוֹשׁ בָּרוּךְ הוּא מְצָרְפָהּ לְמַעֲשֶׂה. מַחֲשָׁבָה טוֹבָה הַקָּדוֹשׁ בָּרוּךְ הוּא מְצָרְפָהּ לְמַעֲשֶׂה, אוֹלִיפְנָא מֵהָכָא דְּקֹדֶם דְּאַתְיָא לְעוֹלָם, צָלֵי בְּגִינָהּ וְשַׁוֵּי מַחֲשַׁבְתֵּהּ בֵּהּ בְּשַׁעֲתָא דְּזִוּוּגָא, וּבְגִין דָּא כְּתִיב בְּטֶרֶם אֶצָּרְךָ וְכוּ' וּבְטֶרֶם. חַד עַל דְּצַלֵּי בְּגִינָהּ קֹדֶם דְּאַתָא לְעָלְמָא. בְּגִין דְּשַׁוֵּי מַחֲשַׁבְתֵּהּ בֵּהּ קֹדֶם יְצִירָתֵהּ בַּבֶּטֶן בְּשַׁעֲתָא דְּזִוּוּגָא. וּבְגִין דָּא בְּטֶרֶם אֶצָּרְךָ בַבֶּטֶן יְדַעְתִּיךָ וּבְטֶרֶם תֵּצֵא מֵרֶחֶם. וּבְגִין דְּאַקְדִּימַת לֵהּ בִּצְלוֹתָא וּבְמַחֲשַׁבְתֵּהּ קֹדֶם יְצִירָתֵיהּ וְקֹדֶם דְּנָפַק מֵרֶחֶם אֵמָּה אִיהוּ מְנַבֵּא עֲתִידוֹת קֹדֶם דְּיֵיתוּן לְעָלְמָא. כָּל שֶׁכֵּן קוּדְשָׁא בְּרִיךְ הוּא דְּיָדַע כָּל דָּרִין קֹדֶם דְּיֵיתוּן לְעָלְמָא. דְּקֹדֶם דְּיֵיתֵי כָּל בַּר נָשׁ לְעָלְמָא, קֹדֶם יְצִירָתֵיהּ מַלְאָךְ מְמֻנֶּה עַל הַהִיא טִפָּה, וְקוּדְשָׁא בְּרִיךְ הוּא גָזִיר עֲלֵהּ אִם יִהְיֶה נָבִיא אוֹ חָכָם אוֹ בַּעַל מִקְרָא וּמִשְׁנָה, אוֹ מָארֵי רוּחַ הַקֹּדֶשׁ, אוֹ מָארֵי בַת קוֹל, דְּאִתְנַהִיג בַּת קוֹל בְּמִלּוּלָא דִּילֵהּ, וְיֵימָא הֲלָכָה כִּפְלוֹנִי. אוֹ אִם יִהְיֶה טִפֵּשׁ, אֲבָל רָשָׁע וְצַדִּיק לֹא קָא גָזַר. אַף עַל גַּב דַּאֲבוֹי עָבֵד. לֵהּ בְּמַחֲשָׁבָה רָעָה, דְּעָבִיד בֵּהּ מַעֲשֶׂה דְּעָבִיד לֵהּ בְּנִדָּה אוֹ כָּעֲרָיוֹת, אוֹ בְּגוֹיָה אוֹ בְּזוֹנָה אוֹ בְּשִׁפְחָה.

אָמַר רַבִּי שִׁמְעוֹן, מַהוּ וַיֵּרָא אֵלָיו? אֶלָּא כְּמוֹ שֶׁהֶרְאָה הַקָּדוֹשׁ בָּרוּךְ הוּא לְאָדָם הָרִאשׁוֹן דּוֹר דּוֹר וּפַרְנָסָיו, דּוֹר דּוֹר וּמַנְהִיגָיו, כָּךְ הֶרְאָה לְאַבְרָם וְאָמַר לוֹ: בַּדּוֹר הַזֶּה יִהְיוּ

צַדִּיקִים, וּבַדּוֹר הַזֶּה, בֵּינוֹנִיִּים, וּבַדּוֹר הַזֶּה רְשָׁעִים. אָמַר רַבִּי יוֹסֵי, הַמְּנוֹרָה הַקְּדוֹשָׁה, הֲרֵי פֵּרוּשָׁהּ הַכֹּל בִּידֵי שָׁמַיִם חוּץ מִיִּרְאַת שָׁמַיִם (שֶׁנֶּאֱמַר (דברים י) וְעַתָּה יִשְׂרָאֵל וְגוֹ', כִּי אִם לְיִרְאָה), וּבְפָסוּק אַחֵר כָּתוּב (איוב ג) מִפִּי עֶלְיוֹן לֹא תֵצֵא הָרָעוֹת וְהַטּוֹב. וְאִם קֹדֶם שֶׁבָּאוּ לָעוֹלָם נִגְזַר עֲלֵיהֶם לִהְיוֹת צַדִּיקִים אוֹ רְשָׁעִים אוֹ בֵּינוֹנִיִּים, לֹא הָיָה עָתִיד לִהְיוֹת לָהֶם שָׂכָר וָעֹנֶשׁ, וְלֹא הָיָה לַנָּבִיא לוֹמַר לָהֶם (מִפִּי עליון לא תצא הרעות והטוב, ולאהיה להם לבעלי) מְשַׁנְיוֹת לוֹמַר הַכֹּל בִּידֵי שָׁמַיִם חוּץ מִיִּרְאַת שָׁמַיִם. אָמַר רַבִּי שִׁמְעוֹן, הַשְּׁאֵלָה הַזּוֹ עֲמֻקָּה, וְנֶחְלְקוּ בָהּ הַקַּדְמוֹנִים, וְרַבִּים כָּשְׁלוּ בָהּ, מִשּׁוּם שֶׁלֹּא הִגִּיעוּ לְעֹמֶק הַסּוֹד. עַל הַנָּבִיא נֶאֱמַר הַפָּסוּק הַזֶּה (ירמיה א) בְּטֶרֶם אֶצָּרְךָ בַבֶּטֶן יְדַעְתִּיךָ. וְזֶה סוֹד הַכֹּל צָפוּי וְהָרְשׁוּת נְתוּנָה. הֲרֵי הַדְּבָרִים הַלָּלוּ סְתוּמִים, וְלֹא מִתְגַּלִּים אֶלָּא בְּמַה שֶּׁבֵּאֲרוּ רַבּוֹתֵינוּ, מַחֲשָׁבָה טוֹבָה הַקָּדוֹשׁ בָּרוּךְ הוּא מְצָרְפָהּ לְמַעֲשֶׂה, מַחֲשָׁבָה רָעָה אֵין הַקָּדוֹשׁ בָּרוּךְ הוּא מְצָרְפָהּ לְמַעֲשֶׂה. מַחֲשָׁבָה טוֹבָה הַקָּדוֹשׁ בָּרוּךְ הוּא מְצָרְפָהּ לְמַעֲשֶׂה - לָמַדְנוּ מִכָּאן, שֶׁקֹּדֶם שֶׁבָּא לָעוֹלָם הוּא מִתְפַּלֵּל בִּשְׁבִילוֹ, וְשָׁם בּוֹ מַחֲשַׁבְתּוֹ בִּשְׁעַת הַזִּוּוּג, וּמִשּׁוּם כָּךְ כָּתוּב בְּטֶרֶם אֶצָּרְךָ בַבֶּטֶן יְדַעְתִּיךָ וְכוּ' וּבְטֶרֶם וְגוֹ'. אֶחָד עַל שֶׁהִתְפַּלֵּל בִּשְׁבִילוֹ קֹדֶם שֶׁבָּא לָעוֹלָם, מִשּׁוּם שֶׁשָּׁם בּוֹ מַחֲשַׁבְתּוֹ קֹדֶם יְצִירָתוֹ בַּבֶּטֶן בִּשְׁעַת הַזִּוּוּג, וּמִשּׁוּם זֶה בְּטֶרֶם אֶצָּרְךָ בַבֶּטֶן יְדַעְתִּיךָ וּבְטֶרֶם תֵּצֵא מֵרֶחֶם וְגוֹ'. וּמִשּׁוּם שֶׁהִקְדִּימָה אוֹתוֹ בַּתְּפִלָּה וּבְמַחֲשַׁבְתּוֹ קֹדֶם יְצִירָתוֹ וְקֹדֶם שֶׁיֵּצֵא מֵרֶחֶם אִמּוֹ, הוּא מְנַבֵּא עֲתִידוֹת קֹדֶם שֶׁיָּבֹאוּ לָעוֹלָם. כָּל שֶׁכֵּן הַקָּדוֹשׁ בָּרוּךְ הוּא שֶׁיָּדַע כָּל הַדּוֹרוֹת קֹדֶם שֶׁיָּבֹאוּ לָעוֹלָם. שֶׁקֹּדֶם שֶׁיָּבֹא כָּל בֶּן אָדָם לָעוֹלָם, קֹדֶם יְצִירָתוֹ מַלְאָךְ הַמְמֻנֶּה עַל הַטִּפָּה הַהִיא, וְהַקָּדוֹשׁ בָּרוּךְ הוּא גוֹזֵר עָלָיו אִם יִהְיֶה נָבִיא אוֹ חָכָם אוֹ בַּעַל מִקְרָא וּמִשְׁנָה אוֹ בַּעַל רוּחַ הַקֹּדֶשׁ אוֹ בַּעַל בַּת קוֹל, שֶׁבַּת הַקּוֹל מִתְנַהֶגֶת בְּדִבּוּר שֶׁלּוֹ, וְיֹאמַר הֲלָכָה כִּפְלוֹנִי, אוֹ אִם יִהְיֶה טִפֵּשׁ. אֲבָל רָשָׁע וְצַדִּיק לֹא גוֹזֵר. אַף עַל גַּב שֶׁאָבִיו עָשָׂה אוֹתוֹ בְּמַחֲשָׁבָה רָעָה, שֶׁעוֹשֶׂה בּוֹ מַעֲשֶׂה שֶׁעוֹשֶׂה אוֹתוֹ עִם נִדָּה אוֹ עִם עֲרָיוֹת, אוֹ בְּגוֹיָה אוֹ בְּזוֹנָה אוֹ בְּשִׁפְחָה.

אַף עַל גַּב דְּקוּדְשָׁא בְּרִיךְ הוּא יָדַע דַּהֲוֵי בֶּן רָשָׁע אוֹ מַמְזֵר קֹדֶם יְצִירָתֵהּ, לָא מָנֵי קוּדְשָׁא בְּרִיךְ עַל אֲבוֹי לְמֶעְבַּד לֵהּ בַּעֲרָיוֹת אוֹ בְּנִדּוּת, דְּהָא מָנֵי בֵּהּ בְּאוֹרַיְתָא עַל הַנִּדּוֹת וְעַל הָעֲרָיוֹת. הָדָא הוּא דִכְתִיב וְאֶל אִשָּׁה בְּנִדַּת טֻמְאָתָהּ לֹא תִקְרַב וְהַאי אִיהוּ דְּאִתְּמַר נָבִיא מִפִּי עֶלְיוֹן לֹא תֵצֵא הָרָעוֹת וְהַטּוֹב. מַאי הָרָעוֹת וְהַטּוֹב, אֶלָּא הָכֵי קוּדְשָׁא בְּרִיךְ הוּא לֹא גָּזַר עָלֵהּ דִּיהֵא צַדִּיק וָטוֹב. אֶלָּא קֹדֶם יְצִירָתֵהּ הוּא יָדַע מַחֲשָׁבָה דַּאֲבוֹי. וְקוּדְשָׁא בְּרִיךְ הוּא מַחֲשָׁבָה טוֹבָה מְצָרְפָהּ לְמַעֲשֶׂה. הַאי אִיהוּ כָּל חַד בִּפְרָט. וּבְגִין דָּא הַכֹּל צָפוּי בְּמַחֲשָׁבָה. דְּקֻדְשָׁא יָדַע מַחֲשַׁבְתֵּהּ בִּישָׁא. וְהָרְשׁוּת נְתוּנָה לֵהּ לְאָדָם בְּמַעֲשֶׂה. וְאָדָם חָב בְּמַחֲשָׁבָה וּבְעוֹבָדָא, וְגָרַם לְעָלְמָא דְּאִתְדַּבְקוּ בְּאִילָנָא דְּטוֹב וָרָע וְאִיהוּ חָזַר בִּתְיוּבְתָּא וְאִתְדַּבַּק, בְּאִילָנָא דְּחַיֵּי. וּבְגִין דְּכָל דָּרִין בֵּהּ תַּלְיָן, וְאוֹרַיְתָא דִּיהַב לֵהּ, יָהַב לְמֹשֶׁה וּלְכָל יִשְׂרָאֵל. וְכָל (נ"א וּבְכָל) דָּרִין וְכָל דָּרִין חָזָא בֵּהּ קוּדְשָׁא בְּרִיךְ הוּא דּוֹר דּוֹר וּפַרְנָסָיו, דּוֹר דּוֹר וּמַנְהִיגָיו. וּמְנָא לָן דְּקוּדְשָׁא בְּרִיךְ הוּא יָהַב לֵהּ אוֹרַיְתָא, הָדָא הוּא דִכְתִיב אָז רָאָה וַיְסַפְּרָהּ הֱכִינָהּ וְגַם חֲקָרָהּ וַיֹּאמֶר לָאָדָם. אֲפִלּוּ שֵׁדִין וּמַזִּיקִין נָפְקוּ מִנֵּהּ. וְהַאי אִיהוּ פֹּקֵד עֲוֹן אָבוֹת עַל בָּנִים. אִלֵּין דְּמַעֲשֵׂה אֲבוּהוֹן בִּידֵיהוֹן. וְלֹא יוּמְתוּ אָבוֹת עַל בָּנִים וּבָנִים לֹא יוּמְתוּ עַל אָבוֹת, אִלֵּין דְּעוֹבָדָא דַּאֲבוּהוֹן לָאו בִּידֵיהוֹן. וְלֹא עוֹד אֶלָּא קוּדְשָׁא בְּרִיךְ הוּא לֹא אָמַר דְּאַחֲזֵי לֵהּ לְאָדָם, וְלֹא לְאַבְרָהָם, וְלֹא לְשׁוּם נָבִיא, אֶלָּא דּוֹר דּוֹר וְדוֹרְשָׁיו וְכוּ', וְלֹא אָמַר דְּאַחֲזֵי לֵהּ צַדִּיקִים אוֹ רְשָׁעִים אוֹ בֵּינוֹנִיִּים, וְלָאו דְּגָזַר עֲלַיְהוּ לְמֶהֱוֵי צַדִּיקִים אוֹ בֵּינוֹנִיִּים אוֹ רְשָׁעִים. אָמַר לֵיהּ רַבִּי יוֹסֵי בָּתַר דְּאַחֲזֵי לֵהּ דָּרָא וּפַרְנָסָיו, דָּרָא דָּרָא וּמַנְהִיגָיו וַדַּאי אִשְׁתְּמוֹדַע בְּהוֹן אִי אִנּוּן צַדִּיקִים אוֹ רְשָׁעִים אוֹ בֵּינוֹנִיִּים. אָמַר לֵיהּ הָכֵי אִיהוּ וַדַּאי, אֲבָל רָזָא דְּמִלָּה עָמֹק הַנִּסְתָּרֹת לַה' אֱלֹהֵינוּ:

אַף עַל גַּב שֶׁהַקָּדוֹשׁ בָּרוּךְ הוּא יוֹדֵעַ שֶׁהוּא בֶּן רָשָׁע אוֹ מַמְזֵר קֹדֶם יְצִירָתוֹ, לֹא צִוָּה הַקָּדוֹשׁ בָּרוּךְ הוּא עַל אָבִיו לַעֲשׂוֹתוֹ בַּעֲרָיוֹת אוֹ בְּנִדּוּת, שֶׁהֲרֵי צִוָּה בּוֹ בַּתּוֹרָה עַל הָעֲרָיוֹת וְעַל הַנִּדּוֹת, זֶהוּ שֶׁכָּתוּב וְאֶל אִשָּׁה בְּנִדַּת טֻמְאָתָהּ לֹא תִקְרַב. וְזֶה הוּא שֶׁנֶּאֱמַר מֵהַנָּבִיא, מִפִּי עֶלְיוֹן לֹא תֵצֵא הָרָעוֹת וְהַטּוֹב. מַה זֶּה הָרָעוֹת וְהַטּוֹב? אֶלָּא כָּךְ הַקָּדוֹשׁ בָּרוּךְ הוּא לֹא גָּזַר עָלָיו שֶׁיִּהְיֶה צַדִּיק וָטוֹב, אֶלָּא קֹדֶם יְצִירָתוֹ הוּא יָדַע אֶת מַחֲשֶׁבֶת אָבִיו, וְהַקָּדוֹשׁ בָּרוּךְ הוּא מְצָרֵף מַחֲשָׁבָה טוֹבָה לְמַעֲשֶׂה. זֶה הוּא כָּל אֶחָד בִּפְרָט. וּמִשּׁוּם זֶה הַכֹּל צָפוּי בְּמַחֲשָׁבָה,

שֶׁהַקָּדוֹשׁ בָּרוּךְ הוּא יוֹדֵעַ אֶת מַחֲשַׁבְתּוֹ הָרָעָה, וְהָרְשׁוּת נְתוּנָה לָאָדָם בְּמַעֲשֶׂה. וְאָדָם חָטָא בַּמַּחֲשָׁבָה וּבַמַּעֲשֶׂה, וְגָרַם לָעוֹלָם שֶׁנִּדְבְּקוּ בְּעֵץ שֶׁל טוֹב וָרַע, וְהוּא חָזַר בִּתְשׁוּבָה וְדָבַק בְּעֵץ הַחַיִּים. וּמִשּׁוּם שֶׁכָּל הַדּוֹרוֹת תְּלוּיִים בּוֹ, וְהַתּוֹרָה שֶׁנִּתַּן לוֹ, נָתַן לְמֹשֶׁה וּלְכָל יִשְׂרָאֵל. וְכָל הַדּוֹרוֹת הֶרְאָה לוֹ הַקָּדוֹשׁ בָּרוּךְ הוּא דּוֹד דּוֹר וּפַרְנָסָיו, דּוֹר דּוֹר וּמַנְהִיגָיו. וּמִנַּיִן לָנוּ שֶׁהַקָּדוֹשׁ בָּרוּךְ הוּא נָתַן לוֹ תּוֹרָה? זֶהוּ שֶׁכָּתוּב אָז רָאָהּ וַיְסַפְּרָהּ הֱכִינָהּ וְגַם חֲקָרָהּ וַיֹּאמֶר לָאָדָם. אֲפִלּוּ הַשֵּׁדִים וְהַמַּזִּיקִים יָצְאוּ מִמֶּנּוּ, וְזֶהוּ פֹּקֵד עֲוֹן אָבוֹת עַל בָּנִים - אֵלּוּ שֶׁמַּעֲשֵׂה אֲבוֹתֵיהֶם בִּידֵיהֶם. וְלֹא יוּמְתוּ אָבוֹת עַל בָּנִים, וּבָנִים לֹא יוּמְתוּ עַל אָבוֹת - אֵלּוּ שֶׁמַּעֲשֵׂה אֲבוֹתָם לֹא בִּידֵיהֶם. וְלֹא עוֹד, אֶלָּא הַקָּדוֹשׁ בָּרוּךְ הוּא לֹא אָמַר שֶׁהֶרְאָה לָאָדָם, וְלֹא לְאַבְרָהָם, וְלֹא לְשׁוּם נָבִיא, אֶלָּא דּוֹר דּוֹר וְדוֹרְשָׁיו וְכוּ'. וְלֹא אָמַר שֶׁהֶרְאָה לוֹ צַדִּיקִים אוֹ רְשָׁעִים אוֹ בֵּינוֹנִיִּים, וְלֹא שֶׁגָּזַר עֲלֵיהֶם לִהְיוֹת צַדִּיקִים אוֹ בֵּינוֹנִיִּים אוֹ רְשָׁעִים. אָמַר לוֹ רַבִּי יוֹסֵי, אַחַר שֶׁהֶרְאָה לוֹ דּוֹר דּוֹר וּפַרְנָסָיו, דּוֹר דּוֹר וּמַנְהִיגָיו, וַדַּאי הִכִּיר בָּהֶם אִם הֵם צַדִּיקִים אוֹ רְשָׁעִים אוֹ בֵּינוֹנִיִּים! אָמַר לוֹ, כָּךְ הוּא וַדַּאי, אֲבָל סוֹד הַדָּבָר עָמֹק, הַנִּסְתָּרֹת לַה' אֱלֹהֵינוּ.

אַדְהָכִי הַהוּא סָבָא עִלָּאָה אַזְדְּמַן לְגַבַּיְהוּ וְאָמַר לוֹן, בְּמַאי עֲסִיקְתּוּ סָחוּ לֵהּ עוֹבָדָא. אָמַר לוֹן וַדַּאי אוֹרַיְתָא אִתְבְּרִיאַת תְּרֵי אַלְפֵי שְׁנִין קֹדֶם דְּאִתְבְּרֵי עָלְמָא, וּבָהּ אַחְזֵי לְאָדָם הָרִאשׁוֹן דּוֹר דּוֹר וְדוֹרְשָׁיו וְכוּ', וּבָהּ אַחְזֵי לְאַבְרָהָם אוּף הָכֵי. מַאי דִּכְתִיב בָּהּ. וּבְגִין דָּא וְיִשְׁמֹר מִשְׁמַרְתִּי מִצְוֹתַי חֻקּוֹתַי וְתוֹרֹתָי. וּבָהּ נִמְלַךְ קוּדְשָׁא בְּרִיךְ הוּא וּבָרָא עָלְמָא. וְנִשְׁמָתְהוֹן דְּצַדִּיקַיָּא אוּף הָכֵי נִמְלַךְ בְּהוֹן קוּדְשָׁא בְּרִיךְ הוּא וּבָרָא עָלְמָא. דָּא הוּא דִּכְתִיב בְּרֵאשִׁית, וְאֵין רֵאשִׁית אֶלָּא תּוֹרָה. וְאֵין רֵאשִׁית אֶלָּא נְשָׁמָה. וְאוֹרַיְתָא טְפֵלָה לַנְּשָׁמָה, בְּגִין דְּשַׁבָּת שָׁקוּל כְּנֶגֶד כָּל הַתּוֹרָה כֻּלָּהּ, וּמְסַלְּלִין לֵהּ בְּגִין נִשְׁמָתָא דְּבַר נָשׁ דְּלָא תִּפּוֹק מִנֵּהּ קֹדֶם זִמְנָהּ. וְאִיהִי נִשְׁמָתָא דָּא נְבוּאָית בָּהּ נִבְרָא עָלְמָא, וְקוּדְשָׁא בְּרִיךְ הוּא שָׁלַח לֵהּ בְּכָל דָּרָא וְדָרָא לְאַגָּנָא עֲלוֹי וּלְמִסְבַּל עַל דִּילְהוֹן, בְּגִין דְּאִיהִי מֵאִילָנָא דְּחַיֵּי, דְּלָא תַּלְיָא מִנֵּהּ זְכוּת וְחוֹבָה, לָא אַגְרָא וְלָא עוֹנְשָׁא, דְּאִנּוּן עֵץ הַדַּעַת טוֹב וָרַע. וְכָל דּוֹר לֵית הָנָא פָּחוֹת מִשִּׁשִׁים רִבּוֹא שֻׁלְטָנוּתָא דְּהַהִיא נִשְׁמָתָא.

וְאַחֲזֵי לְאָדָם אִם דָּרָא יְהֵא זַכָּאָה, בַּר נָשׁ יָקוּם לְמֵידַת נִשְׁמָתָא מִסִּטְרָא דְּחֶסֶד, וִיהוֹן זַכָּאִין מִסִּטְרָא דְּחֶסֶד, וּמָטֵה לוֹן כְּלַפֵּי חֶסֶד, וְדָרָא דָּא יְהוֹן מָארֵי חִנָּא וְחִסְדָּא. וְאִי לָא מִתְנַהֲגִין בְּדַרְגָּא דִּילְהוֹן דְּאִיהוּ מְמָנָּא עַל דָּרָא וּפַרְנָסִין דִּילֵהּ דִּיהוֹן חֲסִידִין, קוּדְשָׁא בְּרִיךְ הוּא אַעֲבַר מִנְּהוֹן חֶסֶד, וְשַׁלִּיט עֲלַיְהוּ גְּבוּרָה מִדַּת הַדִּין, לְמֵידַן לְהוּ כְּפוּם עוֹבָדַיְהוּ, וְלָא כְּפוּם דַּרְגָּא וּמוֹלָדָא וּמַזָּלָא דִּילְהוֹן. וְרָזָא דְּמִלָּה דָּא קָא רְמִיזָא לָן בְּהַגָּדוֹת וּדְרָשׁוֹת, דְּאוֹקְמוּהַ מְשַׁלְּחֵי רֶגֶל הַשּׁוֹר וְהַחֲמוֹר, אִלֵּין תְּרֵין מָשִׁיחִין דַּעֲתִידִין לְמֵיתֵי בְּהַנֵּי דָרֵי. אִם דָּרָא אִיהוּ חַיָּבָא אַתְקָנַם בְּהוֹן מְשַׁלְּחֵי רֶגֶל הַשּׁוֹר וְהַחֲמוֹר.

בֵּינְתַיִם אוֹתוֹ הַזָּקֵן הָעֶלְיוֹן הִזְדַּמֵּן אֲלֵיהֶם וְאָמַר לָהֶם, בַּמֶּה עֲסַקְתֶּם? סָחוּ לוֹ הַמַּעֲשֶׂה. אָמַר לָהֶם, וַדַּאי שֶׁהַתּוֹרָה נִבְרְאָה אַלְפַּיִם שָׁנָה קֹדֶם שֶׁנִּבְרָא הָעוֹלָם, וּבָהּ הֶרְאָה לְאָדָם הָרִאשׁוֹן דּוֹר דּוֹר וְדוֹרְשָׁיו וְכוּ', וּבָהּ הֶרְאָה לְאַבְרָהָם אַף כָּךְ מַה שֶּׁכָּתוּב בּוֹ. וּמִשּׁוּם זֶה וַיִּשְׁמֹר מִשְׁמַרְתִּי מִצְוֹתַי חֻקּוֹתַי וְתוֹרֹתָי. וּבָהּ נִמְלַךְ הַקָּדוֹשׁ בָּרוּךְ הוּא וּבָרָא אֶת הָעוֹלָם. וְנִשְׁמוֹת הַצַּדִּיקִים אֲפִלּוּ כָּךְ נִמְלַךְ בָּהֶן הַקָּדוֹשׁ בָּרוּךְ הוּא וּבָרָא הָעוֹלָם. זֶהוּ שֶׁכָּתוּב בְּרֵאשִׁית, וְאֵין רֵאשִׁית אֶלָּא תוֹרָה, וְאֵין רֵאשִׁית אֶלָּא נְשָׁמָה. וְהַתּוֹרָה טְפֵלָה לַנְּשָׁמָה, מִשּׁוּם שֶׁשַּׁבָּת שְׁקוּלָה כְּנֶגֶד כָּל הַתּוֹרָה כֻּלָּהּ, וּמְחַלְּלִים אוֹתָהּ בִּשְׁבִיל נִשְׁמַת אָדָם שֶׁלֹּא תֵצֵא מִמֶּנּוּ קֹדֶם זְמַנּוֹ. וְהַנְּשָׁמָה הַזּוֹ הִיא נְבוּאִית בָּהּ נִבְרָא הָעוֹלָם, וְהַקָּדוֹשׁ בָּרוּךְ הוּא שָׁלַח אוֹתוֹ בְּכָל דּוֹר וָדוֹר לְהָגֵן עָלָיו וְלִסְבֹּל הַעַל שֶׁלָּהֶם מִשּׁוּם שֶׁהִיא מֵעֵץ הַחַיִּים, שֶׁלֹּא תָלוּי מִמֶּנָּה זְכוּת וְחוֹבָה וְלֹא שָׂכָר וְעֹנֶשׁ, שֶׁהֵם עֵץ הַדַּעַת טוֹב וָרָע. וְכָל דּוֹר אֵינוֹ פָּחוֹת מִשִּׁשִּׁים רִבּוֹא, שִׁלְטוֹנָהּ שֶׁל אוֹתָהּ הַנְּשָׁמָה. וְהֶרְאָה לְאָדָם, אִם הַדּוֹר יִהְיֶה זַכַּאי, אָדָם יָקוּם לָרֶשֶׁת נִשְׁמָה מִצַּד שֶׁל חֶסֶד, וְיִהְיוּ צַדִּיקִים מִצַּד שֶׁל חֶסֶד, וּמַטֶּה לָהֶם כְּלַפֵּי חֶסֶד, וְהַדּוֹר הַזֶּה יִהְיוּ בַּעֲלֵי חֵן וָחֶסֶד. וְאִם לֹא מִתְנַהֲגִים בְּדַרְגָּתָם, שֶׁהוּא הַמְמֻנֶּה עַל הַדּוֹר וּפַרְנָסָיו שֶׁיִּהְיוּ חֲסִידִים, הַקָּדוֹשׁ בָּרוּךְ הוּא מֵעֲבִיר מֵהֶם אֶת הַחֶסֶד, וּמַשְׁלִיט עֲלֵיהֶם הַגְּבוּרָה, מִדַּת הַדִּין, לָדוּן אוֹתָם כְּפִי מַעֲשֵׂיהֶם, וְלֹא כְּפִי הַדַּרְגָּה וְהַמּוֹלָד וְהַמַּזָּל שֶׁלָּהֶם. וְסוֹד הַדָּבָר הַזֶּה רָמוּז לָנוּ בְּהַגָּדוֹת וּדְרָשׁוֹת, שֶׁבֵּאֲרוּהָ, מְשַׁלְּחֵי רֶגֶל הַשּׁוֹר

וְהַחֲמוֹר - אֵלוּ שְׁנֵי הַמָּשִׁיחִים שֶׁעֲתִידִים לָבֹא בַּדוֹרוֹת הַלָּלוּ. אִם הַדוֹר הוּא חַיָּב, מִתְקַיֵּם בָּהֶם מִשְׁלְחֵי רֶגֶל הַשּׁוֹר וְהַחֲמוֹר.

וְעוֹד אוֹלִיפְנָא בְּרָזָא דָּא מִלָּה אַחֲרָא לְסַמְכָא לְגַבֵּהּ בְּשַׁגַּם הוּא בָּשָׂר. וְאוֹקִימְנָא בְּשַׁגַּם זֶה מֹשֶׁה, דְּעָתִיד הוּא לְמֵיהַב אוֹרַיְתָא בְּדוֹר הַמַּבּוּל. אֶלָּא דַּהֲווֹ רְשִׁיעַיָּא, וְקוּדְשָׁא בְּרִיךְ הוּא גָּנִיז לֵהּ לְצַדִּיקַיָּא. אוּף הָכֵי מִזְדַּמְנָא הָיְתָה בַּת שֶׁבַע לְדָוִד מִשֵּׁשֶׁת יְמֵי בְרֵאשִׁית, אֶלָּא שֶׁאֲכָלָהּ פָּגָה, וְאוֹלִיפְנָא דְּחוֹבִין דְּבַר נָשׁ, גַּרְמִין דְּלָא יִזְכֵּי לְטוֹבָה דְּמִזְדַּמְנָא עֲלֵהּ לְמֶהֱוֵי מִשֵּׁשֶׁת יְמֵי בְרֵאשִׁית. אוּף הָכֵי דָּרָא טָבָא מַרְעִין בִּישִׁין דַּעֲתִידִין לְמֶהֱוֵי. אִית לְמָאן דְּאִתְרְחַק מִנֵּהּ, עַד דְּמִתְקַּן עוֹבָדוֹי וְאַחֲזַר לֵהּ אֲבֵדָה דִּילֵהּ. וְאִית דְּאָבִיד לֵהּ בְּחוֹבוֹי וְלָא אִתְחֲזַר לֵהּ לְעוֹלָם. וְהַאי אִיהִי אֲבֵדָה דְּאִתְיָאֲשׁוּ הַבְּעָלִים מִמֶּנָּה, וְאִיהוּ דְּזָכָה בַּמְּצִיאָה קָנָה לָהּ, אִי אַקְדִּים בָּהּ לְחַבְרֵהּ. וְהַאי אִיהוּ דְּקוּדְשָׁא בְּרִיךְ הוּא אַחֲזֵי לְכָל עָלְמָא, שַׁתָּא אַלְפֵי שְׁנִין וְחַד חָרוּב. וְאַחֲזֵי דְּבְכָל אֶלֶ"ף קַדְמָאָה שׁוּלְטָנוּתֵהּ חֶסֶד. בְּאֶלֶ"ף תִּנְיָנָא שׁוּלְטָנוּתֵהּ גְּבוּרָה דָּרִים בִּתְרֵין דַּרְגִּין גִּבּוֹרִים וַחֲסִידִים. וְאֶלֶף תְּלִיתָאָה שׁוּלְטָנוּתֵהּ לְמֶהֱוֵי דָּרִים דִּילֵהּ אַנְשֵׁי אֱמֶת. אֶלֶף רְבִיעָאָה שׁוּלְטָנוּתֵהּ נֶצַח. וְאֶלֶף חֲמִישָׁאָה שׁוּלְטָנוּתֵהּ הוֹד, וַהֲווֹ עֲתִידִים לְמֶהֱוֵי דָּרִים דִּלְהוּ נְבִיאִים. אֶלֶף שְׁתִיתָאָה צַדִּיק יְסוֹד עוֹלָם. וְאִם ח"ו בַּאֲתַר דְּדַרְגָּא דִּילְהוֹן מְחַיַּב לוֹן לְמֶהֱוֵי צַדִּיקִים וְאִנּוּן רְשָׁעִים, כְּאִלּוּ עַבְרִין עַמּוּד צַדִּיק יְסוֹד עוֹלָם מֵעָלְמָא, וְחָזְרִין עָלְמָא לְתֹהוּ וָבֹהוּ, וְשַׁלִּיט עֲלַיְהוּ בַּאֲתַר דְּצַדִּיק, סמא"ל הָרָשָׁע. אוּף הָכֵי אִם דָּרִים דְּנֶצַח וְהוֹד רְשִׁיעַיָּא בַּאֲתַר דִּנְבִיאֵי הָאֱמֶת, שַׁלִּיטִין נְבִיאֵי הַשֶּׁקֶר. וְאִם דָּרָא דֶּאֱמֶת לָא מַנְהִיגִין בֵּהּ, אִסְתָּלַּק מִנַּיְהוּ אֱמֶת וְשַׁלְטָא עֲלַיְהוּ שֶׁקֶר. וְאִם דָּרִין דִּגְבוּרָה לָאו גְּבוּרָה עוֹמְדִים בָּאָרֶץ, אִסְתָּלַּק מִנַּיְהוּ גְּבוּרָה וְשַׁלִּיט נוּכְרָאָה עֲלַיְהוּ, עֲלַיְהוּ כָּךְ גַּם כֵּן לְקַבְלְהוֹן לְתַתָּא, י"ב שְׁבָטִין קַיְמִין סַחֲרָנֵי מַשְׁכְּנָא בְּהַאי גּוֹנָא, כָּל חַד מִנַּיְהוּ בְּדוּכְתָּא דְּאִתְחֲזֵי לֵהּ. וְלָקֳבֵל הַאי דַּרְגָּא עֲבַד שְׁלֹמֹה לְתַתָּא יָם עוֹמֵד עַל שְׁנֵים עָשָׂר בָּקָר, שְׁלֹשָׁה פּוֹנִים צָפוֹנָה, וּשְׁלֹשָׁה פּוֹנִים דָּרוֹם, וְג' פּוֹנִים מִזְרָח, וְג' פּוֹנִים מַעֲרָב. וְהַאי דַּרְגָּא לְעֵלָּא, מ"ט אִקְרֵי יָם. אֶלָּא בְּגִין דְּהַהוּא צַדִּיק דְּאַמְלֵי לְהַאי יָם, אִקְרֵי יוֹם. הֲדָא הוּא דִכְתִיב וַיִּקְרָא אֱלֹהִים לָאוֹר יוֹם. וּכְתִיב אוֹר זָרֻעַ לַצַּדִּיק וּלְיִשְׁרֵי לֵב שִׂמְחָה. וְהוּא נָהִיר בְּרָזָא דְנָ"ו דִּשְׁמָא קַדִּישָׁא. וְהַהוּא יוֹם בְּרָזָא דְּחֵילָא דִּשְׁמָא קַדִּישָׁא, דְּבֵהּ אַמְלֵי

לְהַאי יָם דְּאִקְרֵי ה'א תַּתָּאָה דִּשְׁמָא קַדִּישָׁא. הֲדָא הוּא דִּכְתִיב כָּל הַנְּחָלִים הוֹלְכִים אֶל הַיָּם. וְכָל דָּא דַּרְגָּא דְּצַדִּיק בְּגִין דְּכָל תַּפְנוּקִין מִנֵּהּ נָפְקִין.

וְעוֹד לָמַדְנוּ בְּסוֹד זֶה דָּבָר אַחֵר לְסָמֵךְ לוֹ, בְּשַׁגַּם הוּא בָּשָׂר. וּבֵאַרְנוּ, בְּשַׁגַּם - זֶה מֹשֶׁה, שֶׁעָתִיד הָיָה לָתֵת תּוֹרָה בְּדוֹר הַמַּבּוּל, אֶלָּא שֶׁהָיוּ רְשָׁעִים, וְהַקָּדוֹשׁ בָּרוּךְ הוּא גָּנַז אוֹתָהּ לַצַּדִּיקִים. אַף כָּךְ הָיְתָה מְזֻמֶּנֶת בַּת שֶׁבַע לְדָוִד מִשֵּׁשֶׁת יְמֵי בְּרֵאשִׁית, אֶלָּא שֶׁאֲכָלָהּ פַּגָּה, וְלָמַדְנוּ שֶׁחֵטְאֵי הָאָדָם גּוֹרְמִים שֶׁלֹּא יִזְכֶּה לְטוֹבָה שֶׁמְּזֻמֶּנֶת עָלָיו מִשֵּׁשֶׁת יְמֵי בְּרֵאשִׁית. אַף כָּךְ, דּוֹר טוֹב, מַחֲלוֹת רָעוֹת שֶׁעֲתִידוֹת לִהְיוֹת, יֵשׁ אֶת מִי שֶׁמִּתְרַחֵק מִמֶּנּוּ עַד שֶׁמְּתַקֵּן מַעֲשָׂיו, וּמַחֲזִיר לוֹ אֲבֵדָתוֹ. וְיֵשׁ שֶׁמְּאַבֵּד אוֹתוֹ בְּחֶטְאוֹ וְלֹא חוֹזֵר לוֹ לְעוֹלָם, וְזוֹהִי הָאֲבֵדָה שֶׁהִתְיָאֲשׁוּ הַבְּעָלִים מִמֶּנָּה, וְזֶה שֶׁזָּכָה בַּמְּצִיאָה קָנָה אוֹתָהּ, אִם הִקְדִּים בָּהּ אֶת חֲבֵרוֹ. וְזֶהוּ שֶׁהַקָּדוֹשׁ בָּרוּךְ הוּא מַרְאֶה לְכָל הָעוֹלָם שֵׁשֶׁת אַלְפֵי שָׁנִים וְאֶחָד חָרֵב, וְהֶרְאָה שֶׁבְּכָל הָאֶלֶף הָרִאשׁוֹן שִׁלְטוֹנוֹ הַחֶסֶד. בָּאֶלֶף הַשֵּׁנִי שִׁלְטוֹנוֹ גְּבוּרָה, שֶׁדָּרִים בִּשְׁתֵּי דְרָגוֹת - גִּבּוֹרִים וַחֲסִידִים, וּבָאֶלֶף הַשְּׁלִישִׁי שִׁלְטוֹנוֹ לִהְיוֹת דּוֹרוֹ אַנְשֵׁי אֱמֶת. הָאֶלֶף הָרְבִיעִי שִׁלְטוֹנוֹ נֶצַח, וְהָאֶלֶף הַחֲמִישִׁי שִׁלְטוֹנוֹ הוֹד, וְהָיוּ עֲתִידִים לִהְיוֹת דּוֹרוֹתָם נְבִיאִים. הָאֶלֶף הַשִּׁשִּׁי צַדִּיק יְסוֹד עוֹלָם. וְאִם חַס וְשָׁלוֹם בִּמְקוֹם שֶׁדַּרְגָּתָם מְחַיֶּבֶת אוֹתָם לִהְיוֹת צַדִּיקִים וְהֵם רְשָׁעִים, כְּאִלּוּ הֶעֱבִירוּ עַמּוּד הַצַּדִּיק יְסוֹד עוֹלָם מִן הָעוֹלָם, וּמַחֲזִירִים אֶת הָעוֹלָם לְתֹהוּ וָבֹהוּ, וְשׁוֹלֵט עֲלֵיהֶם בִּמְקוֹם הַצַּדִּיק סָמָאֵל הָרָשָׁע. אַף כָּךְ אִם הַדּוֹרוֹת שֶׁל נֶצַח וְהוֹד הֵם רְשָׁעִים בִּמְקוֹם נְבִיאֵי הָאֱמֶת - שׁוֹלְטִים נְבִיאֵי הַשֶּׁקֶר. וְאִם דּוֹר שֶׁאֱמֶת לֹא מַנְהִיגִים בּוֹ בֶּאֱמֶת - מִסְתַּלֶּקֶת מֵהֶם הָאֱמֶת, וְשׁוֹלֵט עֲלֵיהֶם הַשֶּׁקֶר. וְאִם לְדוֹרוֹת הַגְּבוּרָה אֵין גְּבוּרָה עוֹמְדִים בַּפֶּרֶץ - מִסְתַּלֶּקֶת מֵהֶם הַגְּבוּרָה וְשׁוֹלֵט עֲלֵיהֶם זָר, וְאֶחָד יִרְדֹּף אֶלֶף וּשְׁנַיִם יָנִיסוּ רְבָבָה, וְאִם דּוֹר שֶׁל חֲסִידִים לֹא מִתְנַהֲגִים בַּחֲסִידוּת, שׁוֹלֵט עֲלֵיהֶם גַּזְלָן שֶׁגּוֹזֵל אוֹתָם, וְזֶהוּ שֶׁהֶרְאָה לָאָדָם כָּל הַדּוֹרוֹת וְהַמַּנְהִיגִים שֶׁלָּהֶם. אִם זַכָּאִים הַדּוֹרוֹת לָלֶכֶת אַחֲרֵיהֶם, הַקָּדוֹשׁ בָּרוּךְ הוּא מִתְנַהֵג בָּהֶם בְּאוֹתָהּ מַדְרֵגָה טוֹבָה. וְאִם לֹא - מִתְנַהֵג אִתָּם לְפִי מַעֲשֵׂיהֶם, בְּמַדְרֵגָה

רָעָה. וּמִשּׁוּם זֶה, (איכה ג) מִפִּי עֶלְיוֹן לֹא תֵצֵא הָרָעוֹת וְהַטּוֹב. וּבְכָל דּוֹר נוֹתֵן לָהֶם הַטּוֹב וְהָרַע לְפִי מַדְרֵגַת הַדּוֹר. וְסוֹד הַדָּבָר - (דברים ד) רְאֵה נָתַתִּי לְפָנֶיךָ הַיּוֹם אֶת הַחַיִּים וְאֶת הַטּוֹב וְאֶת הַמָּוֶת וְאֶת הָרָע. וְזֶהוּ שֶׁכָּתוּב בַּתּוֹרָה כָּל הַדּוֹרוֹת שֶׁיִּהְיוּ עֲתִידִים לִהְיוֹת, אִם זָכוּ לְהִתְנַהֵג. וְהֶרְאָה לוֹ פַרְנָסִים מִצַּד שֶׁל יֵצֶר הַטּוֹב, וּפַרְנָסִים מִצַּד שֶׁל יֵצֶר הָרָע. אִם זָכוּ לְהַנְהָגָה שֶׁל פַּרְנָסִים שֶׁל יֵצֶר הַטּוֹב, מַטֶּה אוֹתָם כְּלַפֵּי חֶסֶד אוֹ גְבוּרָה, אוֹ אֱמֶת, אוֹ נְבִיאִים, אוֹ צַדִּיק יְסוֹד עוֹלָם, כְּפִי הַשִּׁלְטוֹן שֶׁל כָּל מַדְרֵגָה. וְאִם מִתְנַהֲגִים בְּפַרְנָסִים רָעִים מִצַּד שֶׁל הָרָע, הַקָּדוֹשׁ בָּרוּךְ הוּא יָדוּן אוֹתָם בְּמִדּוֹת רָעוֹת, בְּהֵפֶךְ שֶׁל מַדְרֵגוֹת טוֹבוֹת. וְזֶהוּ שֶׁמַּרְאֶה לָהֶם פַּרְנָסִים רְשָׁעִים וְצַדִּיקִים שֶׁבְּכָל דּוֹר. וְלֹא שֶׁנֶּאֱמַר שֶׁגָּזַר הַקָּדוֹשׁ בָּרוּךְ הוּא עַל הַדּוֹרוֹת לִהְיוֹת צַדִּיקִים אוֹ רְשָׁעִים. מִיָּד שֶׁשָּׁמַע הַמְּנוֹרָה הַקְּדוֹשָׁה וְרַבִּי יוֹסֵי דְּבָרִים אֵלּוּ, הִשְׁתַּטְּחוּ לִפְנֵי אוֹתוֹ הַזָּקֵן וְאָמְרוּ, כָּעֵת הִתְגַּלּוּ דְבָרִים עַל בֵּרוּרָם. וְלֹא נִמְצָאָה קֻשְׁיָה בָּעוֹלָם בִּשְׁאֵלָה זוֹ. מִיָּד עָף אוֹתוֹ זָקֵן. אָמַר הַמְּנוֹרָה הַקְּדוֹשָׁה, וַדַּאי אָדָם הָרִאשׁוֹן הָיָה אוֹתוֹ זָקֵן, שֶׁאֵין כָּמוֹהוּ בְּכָל הַבְּרִיּוֹת בְּחָכְמָה, וְאֵין מַדְרֵגָה שֶׁל בֶּן אָדָם בָּעוֹלָם כְּמַדְרֵגָתוֹ, [וְכִי אֵיךְ] שֶׁהוּא קוֹדֵם לְכָל הַבְּרִיּוֹת. כָּךְ דְּמוּתוֹ קוֹדֶמֶת לְכָל הַבְּרִיּוֹת. (עכ"מ) כָּךְ גַּם כֵּן כְּנֶגְדָּם לְמַטָּה, שְׁנֵים עָשָׂר שְׁבָטִים עוֹמְדִים סָבִיב הַמִּשְׁכָּן בַּגָּוֶן הַזֶּה, כָּל אֶחָד מֵהֶם בַּמָּקוֹם הָרָאוּי לוֹ. וּכְנֶגֶד הַדַּרְגָּה הַזּוֹ עָשָׂה שְׁלֹמֹה לְמַטָּה יָם שֶׁעוֹמֵד עַל שְׁנֵים עָשָׂר בָּקָר, שְׁלֹשָׁה פּוֹנִים צְפוֹנָה, וּשְׁלֹשָׁה פּוֹנִים דָּרוֹם, וּשְׁלֹשָׁה פּוֹנִים מִזְרָח, וּשְׁלֹשָׁה פּוֹנִים מַעֲרָב. וּמָה הַטַּעַם נִקְרֵאת הַדַּרְגָּה הַזּוֹ לְמַעְלָה יָם? אֶלָּא מִשּׁוּם שֶׁהַצַּדִּיק הַהוּא שֶׁמְּמַלֵּא אֶת הַיָּם הַזֶּה נִקְרָא יוֹם. זֶהוּ שֶׁכָּתוּב וַיִּקְרָא אֱלֹהִים לָאוֹר יוֹם, וְכָתוּב אוֹר זָרֻעַ לַצַּדִּיק וּלְיִשְׁרֵי לֵב שִׂמְחָה. וְהוּא מֵאִיר בְּסוֹד שֶׁל וא"ו שֶׁל הַשֵּׁם הַקָּדוֹשׁ, וְאוֹתוֹ הַיּוֹם בְּסוֹד שֶׁל כֹּחַ הַשֵּׁם הַקָּדוֹשׁ, שֶׁבּוֹ מְמַלֵּא אֶת הַיָּם הַזֶּה שֶׁנִּקְרָא ה"א הַתַּחְתּוֹנָה שֶׁל הַשֵּׁם הַקָּדוֹשׁ. זֶהוּ שֶׁכָּתוּב כָּל הַנְּחָלִים הוֹלְכִים אֶל הַיָּם. וְכָל זֶה הַדַּרְגָּה שֶׁל צַדִּיק, מִשּׁוּם שֶׁכָּל הַתִּנּוּקִים יוֹצְאִים מִמֶּנּוּ.

מַאי הַנְּחָלִים, אִלֵּין חָמֵשׁ דַּרְגִּין דְּעִמָּהּ הוֹלְכִים אֶל הַיָּם לְמַלֵּי לָהּ. וְהַאי דַּרְגָּא אִקְרֵי בַּת שֶׁבַע. וְכַד נָהִיר הַאי צַדִּיק לְהַאי דַּרְגָּא דְּאִקְרֵי צֶדֶק, לְהַאי דַּרְגָּא דְּאִקְרֵי שִׁבְעָה שָׁבוּעִין שִׁבְעָה זִמְנִין, כְּדֵין עָלְמָא תַּתָּאָה נַמֵּי הַאי דַּרְגָּא דְּאִקְרֵי סִיהֲרָא דְּשָׁלְטָא בְּלֵילְיָא, שְׁנַת הַלְּבָנָה כַּמָּה סַגִּי שנ"ה יוֹמִין וְאַרְבְּעִין וְתֵשַׁע שָׁבוּעִין, מִנְהוֹן לָקֳבֵל הַאי דַּרְגָּא דְּיָם דִּלְעֵלָּא, דְּאִיהִי מְקַבְּלָא מִנַּהּ. אִשְׁתָּאֲרוּ י"ב יוֹמִין לָקֳבֵל י"ב שִׁבְטִין דְּסַחֲרָנֵי הַאי יוֹמָא, לְמִטַּר מַטְרַת מַשְׁכְּנָא וְכֹלָּא לְאַחֲזָאָה חֵילָא עִלָּאָה. וְעַ"ד כְּתִיב כָּל הַנִּקְרָא בִּשְׁמִי דָא דַּרְגָּא דְצַדִּיק, דְּאִיהוּ נָהִיר בְּחֵילָא דִשְׁמֵהּ קַדִּישָׁא, הֲדָא הוּא דִכְתִיב וְלִכְבוֹדִי בְּרָאתִיו, דָּא יַמָּא בְּחָכְמְתָא דְּאִקְרֵי כָּבוֹד. יְצַרְתִּיו דָּא רָזָא דְּיוֹם לְתַתָּא דְּאִיהוּ לָקֳבֵל כָּל דִּלְעֵלָּא. אַף עֲשִׂיתִיו דָּא סִיהֲרָא דִלְתַתָּא. וְעַ"ד כְּתִיב יוֹצֵר אוֹר וּבוֹרֵא חֹשֶׁךְ, דַּרְגָּא דְּשִׁמְשָׁא וְסִיהֲרָא. כְּדֵין כַּד אִתְחַבָּרוּ עוֹשֶׂה שָׁלוֹם בִּמְרוֹמָיו, וּכְדֵין שְׁלָמָא לְעָלְמָא. הֲדָא הוּא דִכְתִיב וַיְהִי עֶרֶב וַיְהִי בֹקֶר יוֹם אֶחָד. וּכְדֵין יְחוּדָא לְעֵלָּא וְיִחוּדָא לְתַתָּא שְׁלָמָא לְעֵלָּא וּשְׁלָמָא לְתַתָּא. שֶׁנֶּאֱמַר שָׁלוֹם שָׁלוֹם לָרָחוֹק וְלַקָּרוֹב: